（李蕙蓁攝

搭船赴美國留學時，我特別經過東京訪問。(1964 年)

政大教育系的學弟們在我家陽台合照。左起：王榮文、吳靜吉、賴義龍與劉思量。(王榮文提供，1973 年)

我（後排右一）的家族大合照。（謝春德攝，1987 年）

我擔任學術交流基金會執行長，一待就是 32 年。（謝春德攝，1978 年）

與朱銘（左）興奮地討論他的木刻作品展覽。（1980 年）

與蔣緯國（後排左四）及文化界人士留影。（王榮文提供，1985 年）

隨當代傳奇劇場參加法國夏德瓦隆藝術節。左起：張伯順、紀慧玲、夏德瓦隆藝術節藝術總監、盧健英與吳靜吉。（1994 年）

難得的一場盛宴。左起：馬英九、吳靜吉、陳郁秀、李安、金庸。（王榮文提供，2001 年）

與黃永洪（左一）、謝春德（左二）、王蓮枝（右一）參加薇薇夫人（左三）畫展（王榮文提供，2006 年）。

出席李名覺（右一）與林懷民（左二）大師對談講座，討論劇場藝術與舞台美學。（2007 年）

「蘭陵三十．傳奇再現」活動紀念合影，吳靜吉（左一）、金世傑（左三）、李國修（前排左一）（2009 年）。

與五月天怪獸（後排右一）和瑪莎（後排左一）、保卜（後排左二）、倪重華（前排左二）、鍾適芳（前排左一）參加「流行音樂人才培育交流論壇」。（2013 年）

出席「紙風車 319 兒童藝術工程 10 周年」活動。左起：李永豐、吳靜吉、吳念真、柯一正與簡志忠。（2016 年）

參加家鄉壯圍鄉的「沙丘旅遊服務園區」開幕，蔡明亮（右一）、吳靜吉（右三）、賀陳旦（右四）、林曼麗（右五）、黃聲遠（右七）。（袁梅芬攝，2018 年）

因緣際會

擺渡人

吳靜吉的生命故事

吳靜吉　口述
何定照　撰文

目錄

聽他們怎麼說

【以下依姓氏筆畫排序】

吳博士是我人生最重要的導師。他教我懂得「退讓」和「自嘲」，圓融面對許多關鍵時刻。

于國華（文化觀察家）

會讀書的人很多，會活學活用知識的很少；會交朋友的人很多，會處理關係，長久維持友誼，讓人歡喜的智者更少。我很幸運在吳靜吉三十歲時認識他，他是社會的正面力量，是我的生命貴人。

王榮文（遠流出版公司董事長）

吳博士是無數徒子徒孫背後最有力的手，也是總能以機智與幽默化解問題的表演藝術界超級大老！

平珩（舞蹈空間舞團創辦人）

吳靜吉是點子王，他的創意不斷，一個接著一個，最重要的是他的執行力很強，效率很高。

申學庸（前文建會主委）

回憶起在吳博士指導下參與蘭陵劇坊訓練和演出的幾年後，有了出國念戲劇的念頭。但在閒談中吳博士隨口說出：「你已經會演戲了，為何不繼續念心理學……」當時美國加州大學聖地牙哥分校有位心理學教授從事法律心理的專業，吳博士一封極具創意的推薦信，把一個自以為是滿身戲骨的我帶進一個全新的領域及學習境界。也因此讓我「腦洞」全開，能在美國「全方位」的探索、學習，最終踏入生命醫學，成為一名腦神經科學家，專注在「神經可塑性」、神經幹細胞、腦機介面和虛擬／擴增實境來開發大腦潛能。這一切都歸功於吳博士「創意與跨界」的思維，不僅僅啟發我跳出戲劇層面的表演，更進而改變了我一生的專注與追求。希望能在不久的將來，把自己的腦神經專業注入吳博士的創造力開發的領域。

吳啟錚（神經數碼生物科技公司執行長）

吳靜吉博士對年輕人始終是無私的提拔和絕對的包容。

李應平（台灣好基金會執行長）

吳博士對我來講，是一個很大的依靠，他經常講說，他不是一個藝術家。我說，現在檯面上這些大咖，哪個不是吳博士帶領出來的？吳博士不管是在教育界或是在表演藝術界都是非常有地位的，可是他願意把時間給我這樣一個年輕人，從以前到現在都一樣。

李永豐（紙風車文教基金會執行長）

靜吉是大哥。一九七〇年，我第一次到葛蘭姆舞校學習時，他為我打開紐約的大門，告訴我關於舞蹈、劇場、藝術和紐約文化界猶太人的種種。那是我重要的啟蒙。

他惜才，見到有才氣，肯努力的人，忍不住就要出手鼓勵、扶持。是他把許博允、溫隆信和我兜在一起，希望合作跨界的演出，音樂家作曲，他處理戲劇，我編舞。這項「六二藝展」雖未實現，但我已集合舞者，後來音樂也到位，因此才有後來雲門舞集的誕生。

靜吉一直是雲門強有力的後盾。新象的發展，也有靜吉全力的照顧與支持。至於蘭陵，那是他親手生、養的孩子。

靜吉是「為善不欲人知，成功不必在我」的人。他不張揚，但我要說，沒有吳博士，蘭陵、新象、雲門，這三個為台灣當代表演藝術奠基的團體，必然不會長成這樣，或者，根本不會發生！

林懷民（雲門舞集創辦人）

他是我見過思考最敏捷的人。　柯一正（紙風車文教基金會董事長、導演）

蘭陵劇坊之於我們不是桃花源，更像是契訶夫筆下的「櫻花園」。吳博士是陪了我們四十個年頭的大家長，謝謝他從頭至今一直給予開放自由（沒大沒小）的空間。園內曾果實累累，我們曾是那樹上的果實，而今乃是那懂得醃漬櫻桃的工人。

馬汀尼（前北藝大戲劇系主任）

吳靜吉老師是我少年時期叛逆迷惘的心靈導師；青年時期學習創新的創意老師；中年時期勇敢追夢的益友良師；值得一生敬愛追隨的國寶大師。

梅國卿（奇想生活執行長）

吳靜吉是「化腐朽為神奇」的「藏鏡人」。

許博允（新象創辦人）

吳靜吉博士是世紀啟航跨越兩岸扮紅娘，穿越古今雅俗共賞搭橋樑，明華園歌仔戲的最佳代言。

陳勝福（明華園戲劇總團團長）

吳靜吉，我認識你那年，你十八歲，怎麼一下就快八十了？

我們倆頗有緣分，一直是同學、同志、同好，甚至你在台灣和我在美國的工作都是美政府文教交流的傅爾布萊特計畫。記得青年的你，能說愛笑，能唱會跳，多才多藝，絕對的 Multiple intelligent！你的身段高䠷，令克群一直很羨慕你的小蠻腰，你的雙目細長，卻觀察細緻，四周動態，盡收眼底。你的機智能把各種人際矛盾擺平，猶記當年在校，男女同學相處時，你經常是我的保護傘。

你來美國留學，沒幾年就拿到明尼蘇達大學的博士，讓我欽佩又自慚。你在紐約任教，住在嬉皮區的 Greenwich Village，我們住在 Washington Square，恰好是鄰居，記得多少週末，你到我家打牙祭，有你酷愛的咖啡在手，我們三個人就天南地北地笑談至深夜。

一九七二年你回國發展，正是國家急需的青年才俊，你深受推崇，是年輕人的偶像。你勤奮好學，幹勁十足，無論教學或著作都給人力量、自信、方向、快樂和希望。當我在大陸推展《認助中國鄉村教育》活動時，你很支持，多次參加給大陸鄉村教師培訓，只要是你講課，總會聽到學員們的掌聲和笑聲。

至今你退而不休，誨人不倦。是啊，八十歲，不老，夕陽依然燦爛如昔，只是身體功能逐漸衰退而已。雖然現在做不了一些以前能做的事，但現在卻能做許多以前做不了的事。老友靜吉，珍惜當下！

喬龍慶（美國科技教育協會副主席）

吳靜吉學識淵博、創意無限，同時兼有心理學家、教育學家、戲劇創作家身分，是一個微妙玄通、深不可識的才子。

游錫堃（前行政院院長）

最能在任何時代、任何情境下怡然自得的智者，也是影響一代代青年的導師。

焦雄屏（資深影評人）

溫暖的家人，自由的化身。

黃聲遠（田中央聯合建築師事務所創辦人）

吳老師教導無數學生探索自我、建立自信，找到屬於自己的終身志業與人生價值！

詹文男（資策會產業情報研究所所長）

行走在人間的心理學家，知人，助人。「知吾者，吳博士也。」提到他，很多人會這麼說。

樂茝軍（知名作家）

他是一位對台灣這塊土地充滿熱情的心理學家，也是台灣學術橋接國際的引領者，更是台灣現代戲劇之父，以及台灣創造力教育的播種者和實踐家。

鄭英耀（中山大學校長）

第一次聽到靜吉說自己是害羞的，頗為驚訝。那時他雖然很年輕，已能言善道，有許多學生及晚輩追隨，害羞的人不可能是這個樣子的，我想。有了更深刻的認識，再看靜吉，不禁佩服他年輕時就對自己有充分的了解。他一生的成就就是在克服害羞。

鄭淑敏（前文建會主委）

吳靜吉博士是「藝文界裡的藏鏡人」，他的聰睿才智「天下第一人」，深知世間萬象的有限藩籬，卻無止盡的鼓舞上下左右，突破無限的可能。今天無論是新象，早期的雲門、蘭陵劇坊，近代的大小劇場、文壇上紅不讓的作家、出版業界都在他的推波助瀾（興風作浪）之下，呈現壯闊文化大世界，四十年來，這一切的一切，他就是真正臺灣文化的推手！

他是「臺灣的第一奇人」。他的一切言行舉止（嬉笑怒罵、冷嘲熱諷）讓人目瞪口呆，卻沒有一個人會惱羞成怒，只會傻傻看著他、呆呆的哭和笑！

他是「朋友中最親的」。他最懂人「性」、人心，所以無論你碰到什麼疑難雜症，他都可以迎面而解。儘管朋友們各在天涯，所有的我們，心裡都

「駐」著他。

樊曼儂（新象文教基金會董事長）

吳靜吉博士與我相識十餘年，雖然並不是從年輕時就一起相處共事，但因志趣相投一見如故，成為無話不談的忘年之交。猶記得多次建築設計競圖需要諮詢相關專業人士的意見時，靜吉兄皆義不容辭的傾囊相助，且熱情地推薦好友支援，而從與他周遭朋友的互動中，深刻體會到大家對他待人處事的熱忱由衷的敬佩。

在無數次的藝文場合中，靜吉兄的出現都是我最開心的驚喜，因為他無拘無束的幽默感，頓時讓空氣中充滿愉悅的氣氛，我想這應該歸功於他與生俱來的親和力。其實我最喜歡的是吳博士在各個場合被臨時要求上台的「即興致詞」，基於他深厚的知識底蘊、豁達的思維及風趣的表達魅力，每每皆能風靡全場，達至賓主盡歡的最高笑果。

期許更多的年輕讀者能夠從珍貴的回憶中，感應到他一生正能量的智慧結晶，讓台灣未來的藝文環境變得更加美麗。

劉培森（劉培森建築師事務所創辦人）

在內裡，靜吉是我生命的導師；在外面，他更是我生活上的兄長，真是一輩子的朋友。

謝春德（攝影家）

最能由國際的高度凸顯在地文化創意的智者；最能以另類的熱情喚起我莫忘初衷的良師益友。

蘇以文（語言訓練測驗中心執行長）

自序　以角色貫穿的生命故事

我從來沒想過自己會出版傳記，也不喜歡照相，就沒有習慣保留紀錄，因此怎麼樣都找不到適當的照片描述不同成長的階段。但每一個人的生命故事都會牢記腦海，透過不斷的回憶印證，終於可以重現某些生命故事的片段，我必須開始整理自己的生命年表。八十歲走過多少的喜怒哀樂，還真不知從何說起，既然我鼓勵企業、藝術、學生等各界人士整理各自的生命年表，我當然也要言行一致。

生命年表引導了我口述生命故事的架構，由撰文者整理統合，改編再創。

我出生在宜蘭壯圍鄉冬山河、宜蘭河和蘭陽溪匯流入海的「三敆水」，生在那裡不是我能決定的，但卻是因緣際會的開始。在我出生的年代，三河匯聚的地方，必須靠渡船伯的「擺渡」，才能讓溪河兩邊的人順利往來，「擺渡」的意象也就成了資源整合、關係媒介或觀念串連的意象。

我出生的年代是一九三九年，我的名字「靜吉」似乎可以行走日本、中國、台灣之間，恰好反映了一九三九年那段歷史、政治、戰爭、定位和認同。

一生中，我除了靜吉之外還有很多的名字及綽號，第一個綽號是在不到一歲時由「乳母」鄰居所取的「鮎鮘」，小學時同學先給我取了「老柳」的綽號，然後又叫我「車籠」、「鴨母哭」，這些綽號除了鮎鮘以外都已經隨時間消失了。

在美國讀書時，明尼蘇達大學安排的美國家庭因我的名字是「J」開頭，就叫我「Jimmy」，我不大能適應。走過校園的草坪，發現他們很喜歡喊「Gee」，為了方便大家叫我名字，自取「Gee」的綽號，沒想到每一次走過校園，Gee的聲音此起彼落，我就放棄了。我開始化被動為主動，要美國人學習如何正確發音「Jing-Jyi」，當他們的嘴巴不聽使喚地學習正確發音時，我們就展開了非常有趣的互動與溝通，這也是我克服社會化害羞的方法之一。

到了紐約因為已經拿了博士，又在大學教書，大家開始叫我「Dr. Wu」，尤其是辣媽媽劇團（La MaMa）年輕的戲劇人。他們非常喜歡跟心理學家對話，Dr. Wu是親密的稱呼。不久之後當我在替中國城的小學編排表演節目時，剛好有一首歌叫「Dr. Wu」，小朋友便很親切的開玩笑，重複的吟唱「Dr. Wu who lost his shoes」。「餛飩湯（wanton soup）」在辣媽媽演出時，擔心角色混淆，把「Jing-Jyi Wu」改為「Gin-Gee Woo」。我拜託記者 Elenore Lester 不要揭露我的真實身分，最後還是在紐約時報《Mama Makes 'Wanton Soup'》的報導中被揭露了。

我在紐約也參與亞裔活動，大部分來自香港的年輕人，都很習慣用名字的英文簡寫稱呼別人，所以都叫我「JJ」，聽起來有點像「姊姊」，但是無所謂，反正香港人喜歡這樣稱呼就這樣稱呼，我現在的香港朋友也都還這樣稱呼我。

剛回台灣教書時，正是學生尋求和教師比較可以「平起平坐」的年代，學生看我輕鬆沒架子，就很自然地嘗試各種不同的稱呼，例如「阿吉仔」。我知道在保守的年代和保守的校園，老師就是老師，我的作法是不回應，但他們叫老師我就回應，慢慢地他們就不再叫我「阿吉仔」，因此我轉個彎，在心理學的考試中創造一個人物，叫「吳巴」，之後學生開始叫我「吳巴」、「吳巴巴」或「吳爸爸」。

在蘭陵劇坊時，一開始我就展開「新名再生人」的活動，所以蘭陵每個人都有綽號，我自己則回到「鮎鮘」這個名字，可是慢慢地大家開始叫我「博士」，有一天忘了是誰對我講說：「卓明跟很多年輕學員說，一定要叫我博士，否則我會不高興。」還真是冤枉，此後「博士」就變成我的綽號。

在接受學術交流基金會工作時，董事會有五個美國人、五個台灣的官員和學者，卻只有董事長知道我的英文名字，他們當時大概也不知道我的中文名字吧，就又回到 Dr. Wu 的稱呼，慢慢演變到工讀生或義工等等簡化稱呼，叫我 Doctor。

今年八十歲生日時，我又莫名地成為以前學生的話題，政人科智所同事陳翠娥問我：「叫你小吉，不會介意吧！」原來吳思華和溫肇東兩人的粉絲在他們的臉書上都叫我「小吉」，一九七二年回國時「平起平坐」的師生情終於在將近半世紀後實踐了。

光是反映個人成長的特殊際遇和時代變遷的影響，這麼多稱呼和綽號差點讓自己忘記自己是誰，還好我沒有迷路，而把自己定位為「無圍牆的教育工作者」，喜歡組合不同元素的「創意工作人」，創造或把握各種不同的因緣際會，規規矩矩、快快樂樂地當一個「擺渡人」。

在回憶生命故事的過程中，我發現不同的主題可以創造不同的故事，這本自傳是以角色定位自己，而以無圍牆的教育工作和創造力貫穿八十年來行走教育、戲劇、企管、政治、城鄉、生活的生命故事。

在眾多角色中，我覺得最慚愧的是「孝子」，父母都跟我說過我是孝順的兒子，因為不跟他們要錢，不跟他們訴苦，很少見面，但見面時總是微笑，會挑起他們愉快、自信和有成就的回憶，當然也因為我有機會在媒體上出現，總會有人稱讚他們，更不好意思的是，真的也有別人會說我是孝子。

從美國回來的四十幾年當中，真正照顧爸爸媽媽的是我二弟靜時和二弟妹關青鑾，父母親一直跟他們住在一起，晚年生病時，二弟妹都把他們當作自己父母，為了照顧他們的健康和生活，還學會很多醫療常識，妹妹雅惠雖然不住在一起，但在妹夫韓錦隆老師的支持下和二弟妹合作無間，加上體貼她大哥和大嫂的大姑吳吻之噓寒問暖，正向關懷，讓爸媽的內心充滿生之期待。

除了感謝他們以外，我要感謝成長老化過程中，幫我搖船過河的所有人，我也非常感謝過去因為因緣際會讓我有機會擺渡的人，到了八十歲我很幸運的有很多擔心我會「手無寸鐵」、「體力不支」、「臥病在床」、「生活沒有意義」，而特別照顧我的年輕朋友和學生。

北藝大王盈勛教授、出版人湯宗勳和中山大學陳以亨教授等晚輩都曾經想為我「立傳」，我一直抗拒，電影人李中拍完了紀錄片《蘭陵劇坊》的故事之後，李永豐跟我說，如果最老的我沒有完成紀錄片，他們就很難為吳念真等晚輩拍攝。我好像有點半推半就的展開很早以前王榮文希望我談我涉入教育創造力的傳記，就這樣完成了這本到現在為止還覺得很不好意思的生命故事。

感謝出版人王榮文；感謝總編輯林馨琴，除了扮演創新總編輯的角色，還要親自多方搜尋照片，甚至親拍照片，印證事件，擔心沒人買書而很辛苦的找名人說好話等等。當然也要感謝提供照片的朋友，還有同事黃于娟、朱張順和吳郢祁，辛苦你們了。

八十年來的生命故事就像包含各種「柴、米、油、鹽、醬、醋、茶」，「魚、蝦、瓜、肉、蛋、蔬、果」的食材，撰文者何定照將它們重新組合，創造了十六道菜，好的部分是她的善心、功力和創意，不好的是我提供的素材不夠精彩。認了吧！這就是我八十歲的「以角色貫穿的生命故事」。

前言　我來自三敆水

我誕生在宜蘭壯圍鄉東港村，這裡是宜蘭河、蘭陽溪、冬山河匯集之處，三條河有鹹有淡，卻在此共同會合，注入太平洋。

根據宜蘭作家吳敏顯爬梳史料，這種由三條清濁度不同的溪河匯流的「三敆水」，是上天賜予的神水。現實中，這三條鹹淡河水交錯之處，則吸引淡水魚、海魚在此洄游，黑面琵鷺及村民們稱為「海鵝」的白額雁等各種水鳥，也愛來這兒聚集。

我出生的年代，也是交替的年代。

一九三九年爆發第二次世界大戰，大部分國家都投入戰爭，那時台灣被日本占領，美軍轟炸台灣，實際上是要轟炸日本，但台灣就這樣遭殃；何況早在一九三七年，發生中日戰爭，台灣的角色也很難解。

在這全球都陷入混亂的一年，奧斯卡金像獎頒的最佳影片是《亂世佳人》，諾貝爾和平獎則未頒發。

我的名字靜吉，也反映了這交替時代的不確定。在那複雜政治和人心交錯的時局，家裡人會幫我取靜吉，是想未雨綢繆，避免未來困境，我相信當時他們一定非常矛盾。

如果我早生一年，也就是一九三八年，可能就會唸完一年的日本小學教育，我對時代和文化的體會很可能又大不同。然而因為是一九三九年，我一開始就是接受中華民國的教育，學的是國語而非日語，講習慣的母語閩南語還會被懲罰。

人說幼時印象往往會轉化到性格，形塑行為、影響命運。八十年後回首，我覺得自己就像這個三叉口、三鼓水，命中註定要探索不同領域的創造、串聯、資源整合，再匯流入海。也因著後天的人生因緣際會，而不知不覺地成為「擺渡人」或「渡船伯」。

現在，請讀者跟我一起回到這宜蘭的三鼓水，品味人生與時代的鹹淡豐潤。

我從小就覺得擺渡人很重要，也立志要當個「渡船伯」，在人與人之間扮演中介者的角色（林馨琴攝）。

第一章　喝髒水的鮎鮘

在我出生前十三年，我的外婆帶著八歲女兒，從宜蘭五結鄉錦草村坐船來到壯圍鄉東港村。外婆和外公的感情不好，外公有外遇，聽說他想把女兒賣到酒家，外婆擔憂謠言成真，趁著黑夜把女兒帶到東港一處吳姓人家當童養媳。

這個八歲的童養媳，後來成了我媽。而我外婆下船處，正是展開我人生的三叉口，那個三條河交會的「三敨水」。

這故事在我家族說了又說，故事最關鍵的人物是，那個划著船槳，把我外婆和我年幼媽媽從這個渡船口搖到另一個渡船口的擺渡人：他戴著斗笠，穿著簑衣，在深夜裡堅定地搖著槳，把我媽媽送往人生另一個起點；他還必須被信任，像個中介者，知道什麼能說、什麼不能說，不向追來的人透露誰坐過船、送到哪去，保護每位被擺渡的人。

或許是受到這故事影響，我從小就覺得擺渡人很重要。他們不論刮風下雨也不計較被渡者的身分高低，都會無怨無悔地把人送渡過去。雖然他們社會地位較低，言行也低調，卻是社會中不可或缺的中介角色，因此大家都叫他「渡船伯」。

我媽來到我爸家幾年後，在她十八歲，爸爸二十歲的除夕送做堆，如願嫁給我爸。一九三九年五月三日，我出生了。地點就在尿桶邊。

我爸是家族長子，我是長孫，家族自然會特別器重和期望。但因我媽的童養媳身分，加上我們是大家族結構，導致我的誕生一開始就與眾不同。

在那個傳統年代，童養媳從小就要負責各種家務，包括做飯、下田整理菜園、在農田踩水車等。我媽懷了我後，即使挺著個大肚子，也得照常做這些工作。直到她以為尿急要去尿桶小解，發現羊水破了，才驚覺我快要生下來了。

結果，我和這個世界初次見面的地方，竟與尿桶只有一線之隔。那年我媽二十一歲。

我差點生在尿桶裡，已經夠悲慘，更慘的是，我媽生我三天後就病倒。這也跟她是童養媳有關。

據我媽媽和其他親戚後來告訴我，認分的我媽那時因為怕被親族鄰居說話，生產三天後透早就爬起來去露天洗衣服。河邊風大，我媽產後體弱又受到風寒，立即染病，一度幾乎生命不保。

不過，幸好我外婆聽到消息，護女心切的她，急急趕來帶我媽回去照顧。當時我外公的弟弟在蘇澳開中藥店，我外婆又在當「先生嬤」，除了是產婆，也會收驚、燒香做法等，就把我媽媽帶到中藥店調養，一年後才健康回來。

我小時候跟媽媽不是特別親，我想一來是因為我媽才剛生我就生病，離開一整年，對我樣子不是記得很清楚；二來是她康復返家後，很快就懷了我妹妹雅惠，又忙著重新融入大家族生活，就沒法多照顧我。

在我外婆帶走我媽的那一年，我被送去奶媽家。貧窮善良的奶媽同時要照顧好幾個小孩，我只是其中之一，當時家外旁邊都有水溝，據他們說，我常常爬到臭水溝附近，嘴角常沾泥巴，就被笑是水溝常見的淡水魚「鮎鮘」。

鮎鮘是什麼？牠長得有點像大隻的泥鰍，常在混濁水中如井裡、泥地、水草間生長，吸收其中養分，學名叫七星鱧，也稱「垃圾魚」。據說奶媽家擔心我這

FIG. 251. *Channa asiatica* (Adult and Young)

親朋好友叫我「鮎鮘」，日後我常扮演他人的情緒垃圾桶，也呼應鮎鮘在垃圾中成長的特質。

「小鮎鮘」在水溝旁沾到、吃到髒水，常在我嘴裡塞進一塊肥肉讓我咬著，免得我亂吃。

這個我未滿一歲發生的故事與綽號，衍生幾個結果。首先是我一生都很怕肥肉，想來是幼時吃多了怕那味道，是心理學上古典制約的結果，感謝怕肥讓我少吃許多「白肉」。再來是，這綽號自此跟我幾十年，到我家聽過我親人喊我「鮎鮘」的朋友，包括雲門舞集創辦人林懷民和新象創辦人許博允等，都叫我「鮎鮘」。

我還覺得，我後來常扮演他人的情緒垃圾桶，乃至念和教教育心理學，也呼應鮎鮘是在垃圾中成長。

我的名字「靜吉」也很有故事，有些人會覺得有點日本味。說來，這名字確實有著台灣在不同政權統治下的無奈。

一九三九年我出生時，日本正要推動皇民化政策，傳言要台灣人的名字都改成日本名字。我們全家族特地為此開會討論，我爸希望我們的名字能夠暗含祖宗來源，又不會被發現，就問一位日本駐東港的警察「參神阿」的意見。

我爸跟這位日本警察有交情，是因為有次「參神阿」的兒子玩遊戲時，不小心被人力車壓斷腿，由於當時是日本統治，有些接骨師對日本人有意見，不肯或不敢幫忙接骨，「參神阿」就請我爸幫忙。

我爸平時對「參神阿」印象不錯，覺得這位警察很有人性，例如有村民出事去派出所要借電話時，他毫不遲疑地服務。他也會同情苦難人，我爸跟一位從福州來的接骨師朋友說，小孩子是無辜的，爸爸一定愛孩子；何況「參神阿」雖是日本人，但有人性光輝，接骨師才答應幫忙接骨。「參神阿」對我爸和接骨師感激得不得了。

日本戰敗，「參神阿」回日本後，都一直和我爸有往來，來過宜蘭看我爸，我爸晚年也去日本看他。這讓我感到，人與人間的感情，不能只用政治衡量。

不過，即使我爸和「參神阿」交情這麼好，在問他如何取我名字意見時，還是很小心。「參神阿」就給我爸很多日本人可以接受、台灣也可理解適當的名字，例如靜、吉等，說這些都很像日本名字，我爸就選了「靜吉」。

至於姓，「參神阿」建議，我們祖宗來自福建海澄（現在變成龍海縣），可以叫宗澄，表示祖宗來自海澄但不唐突；所以我若真改日本名字，全名是宗澄靜吉。不過後來日本在實施皇民化前就戰敗了，我們家只是未雨綢繆。

我知道爸爸幫我取名的故事後，就深深感到戰爭、政治常扭曲人性光輝。一九六四年我坐船到美國留學前，會先在行經日本若松、和歌山和千葉時下船停留，在和歌山還特別去訪問大學生，就是因為想看看彼此曾有戰爭的國家之間，人民不受政治干擾的情誼，溝通是否反映真誠的人性。的確也是如此。

另一方面，這段故事也顯示台灣人就算被迫改日本名字，也不想忘本，所以我每次聽到有人說台灣人親日、忘本，就覺得不公平。很多人誤解當時台灣人討好日本人，其實大家都知道自己被殖民，都清楚日本人是外來統治者，但不是所有人民都作威作福、沒人性。

我這「鮎鮘」在一歲後，終於與媽媽從各自居處回到東港「團圓」。五歲時，東港鬧水災，人和動物都逃上屋頂。那之後，家族決定非搬家不可，就在同是壯圍鄉的廟後村五十七號蓋了新房子，開展家族新頁，地點就在後來的大陳義胞村隔壁。

回到老家壯圍鄉東港村，這裡開闢了東港榕樹公園。（林馨琴攝）

在新家，我們這個大家族都住在一起，六歲的我，很快從輩分中，學會「認分」和「退讓」的生存之道。

我祖父母生了十三個小孩，有十一個活下來，其中七男四女。人在大家族中自我定位很困難，傳統上，我因我爸是老大，我又是長子，本來會有特殊地位；但由於我小叔叔忠太和兩個姑姑芳了和春專都和我年紀差不多，碰上他們，我身為長孫的特權就得向輩分低頭，從同年齡層變晚輩。這種問題在大家一起玩吵起來時，凸顯得最厲害。

我媽媽是童養媳，更讓我的定位處境複雜化。

當時，我跟叔叔姑姑玩時，只要一有人哭，我媽媽就打我給人看，甚至不是我的錯也這樣，她總告訴我說：「你是晚輩，要退讓」。我一開始無法體會她為何都「打錯人」，後來才明白，她一邊打我，一邊也在發洩長久以來，因為身為童養媳所受各種委屈的怒氣。

有一次，媽媽和嬸嬸在剁地瓜葉給豬吃，我剛好站旁邊，有個堂弟剛好回家，一邊哭著，嬸嬸就問他「你怎麼哭了？誰打你？」嬸嬸那時這樣問，只是順口加第二句而已，但堂弟因為年幼，不知該怎麼回，就隨手一指我，我媽立刻氣得拿起刀丟向我。

我媽生氣的其實是，堂弟才剛回家，我明明一直在她旁邊，怎麼會是我打他？然而因為她是童養媳，即使是長媳，地位仍不如其他嬸嬸，只好先打自己小孩。幸好我媽要丟菜刀時，被我一位親戚抓住，她有台階下，才沒繼續打我。

我媽委屈的應該還包括，我非常和善、有教養的祖母從不打別人，卻偶爾也會打她。這我本來不記得，直到我在美國留學自我催眠時，竟然看到一個畫面是，我媽在田地背著我，我因為被稻草刺痛而哭起來，祖母以為我媽打我，就拿掃把打她屁股，結果不小心打到我腳，我就哭得更大聲。

我後來問我祖母和我媽有沒有這件事，她們說確實有，我才了解為何我一直很怕稻草。不過我因為怕稻草，很早就想長大後不要下田被草搔癢，也因此好好讀書。這說明有些看似對你不利的事，其實也可能對你有利。不過，我卻臨老入花叢，重新愛上農田花草，也是在補償吧！

媽媽對身分和關係的敏感，影響我很大。她一直強烈意識到自己是童養媳，覺得「沒有這屁股，就不要吃這個瀉藥」，言行都很小心，很怕別人批評。連我赴美求學回國後，有人看到我在電視上受訪或受邀主持節目，她都很緊張以為我是不是受到什麼批評，為何在電視上？這也連帶影響我一直對自己的身分很有意識。

她對家族大小事情也很清楚。每個人的身分、彼此關係，乃至誰是何時生的、當時大家有何反應、請客該怎麼坐等，她都瞭若指掌，從不搞錯，也老提醒我「不要吃碗內，看碗外」，要我守好本分、注意人我分際。

在她的身教言教下，如何在關係結構中自我定位，理解不同的角色與困難，成為我很重要的學習。我很快就習慣「退讓」，也學會從不同角色的角度來「換位思考」。

有了這層省思，我逐漸意識到我媽的無奈：她從小就希望跟我爸爸成婚，但我爸一度抗拒，即使她後來如願，心中仍有許多壓抑，表面上卻得裝得正向快樂；她老打我給別人看，也是因為童養媳地位低落，她深怕若不出手，會招來「後生無人教示」等閒言閒語。

我還記得我頓悟到自己是我媽唯一能打、能出氣的人時，大哭了一場。我覺得媽媽好可憐，還覺得幸虧有我，媽媽才有出口。這真是很「鮎鮘」的思考。

在那之後不久，有次我媽又要拿棍子打我，我因為決定好好退讓，就動也不動讓她打。沒想到我媽突然打不下去，放聲哭了出來。她這樣哭，也許是因為覺得我們都好委屈，也或許是因為體會到我替她著想的心思，不過我們從來沒有談過。

除了任憑她打，我也想出其他避免爭端的方式，比如儘量不出現在可能被打的場合。像媽媽和嬸嬸等親戚在忙時，人多事又雜，就是比較容易出各種狀況的時候，我早早跑掉，到海邊叫跳、蓋樹屋、讀書等都好，能製造不在場證明，又能抒發。

我也繼續換位思考，體會到為何我祖母要罵其他媳婦前，都會先指桑罵槐罵我媽。我祖母是那種很有力量的華人女性典型，我慢慢發現，她其實不是存心要罵我媽，而是因為從角色考量上，她沒法罵其他人，只能先罵童養媳。

我就在這種複雜的關係狀況下長大。我不大不小，已有很多任務：身為長孫，自然背負家族的期待；但因是晚輩，媽媽又是童養媳，即使平時人際關係不錯，當大家族發生爭執、需要有人犧牲時，我還是很容易在其他小孩「情急生智」、「狗急跳牆」、「順手牽羊」下，變成那頭代罪羔羊。

除了這些，我因為八字有六兩三，命很重，民俗上認為「鬼看得到我，我看不到鬼」，還得負擔起驅鬼的任務。

我十一歲那年，台灣狂犬病盛行，當時社會迷信，以為是被鬼纏身，不知要求醫，不少人因而死亡，還因此產生「瘋狗咬到—沒醫」的歇後語。

當時我父親也不幸被咬到，大家依照民間習俗，請人半夜做法組成「趕鬼隊伍」，在夜黑風高時送鬼遠去。我因為八字重，被安排走在趕鬼隊伍最前面，心裡嚇得不得了，邊嚇，邊叫「月英回來」。月英這名字，是因祖母十三歲嫁入吳家，到十七歲生我爸，大家擔心父親不好養，取個女生名字就不擔心被「鬼」抓走。可以說，我不論在世間、陰陽間，都背負起銜接、擺渡的任務。

任務重重，加上退讓、換位思考已內化成習慣，我開始會很自然地運用手邊資源來調解糾紛，就像鮎鮘把泥漿變養分一樣。這可能就是我日後關注創造力的起源，也成為我很重要的性格特點。

像我面對祖父愛喝酒、叫我打酒，但祖母不喜歡祖父喝酒、叫我不要去的兩難處境，我會考慮到祖父若不能喝，恐怕會很不安，就以此說服祖母讓我打一點給祖父喝就好。這樣，祖父不會不安，祖母也能心安。

又例如，過年滿桌大魚大肉時，有次我因為吃飽了，也不喜歡吃那麼多肥肉，就想離開去看書，結果媽媽哭起來，覺得有這麼多好吃的，為何我不跟大家一起享受？我體會到她的心酸，雖然不想再吃，還是留在餐廳跟大家講笑話、一起開心。

還有件事也很能說明我的換位思考與行動模式。我讀初中時，想像當時年輕人一樣穿流行衣服、趕時髦，那時冬天很流行穿夾克、緊身褲，很瀟灑，我很羨慕，但不敢跟父母要。

我爸其實是不發脾氣的人，只罵過我一次，但我因既是長孫、又是晚輩的處境使然，從小就很害怕權威，所以不敢跟他提出要求。

不敢開口，我就寫信給爸爸，說我從小到現在沒什麼要求，只希望有件夾克，又怕給您們很大負擔；但如果有點機會，很希望實現，還把夾克款式畫出來。

當時祖母有買一件夾克給我最小的叔叔，但因顏色是當時很不討喜的青色，叔叔一直抱怨不喜歡那顏色，我就寫說是否可以把那夾克給我，他們再買一件新的給我叔叔？我已經想好，若真拿到那件青色夾克，就請我家裡開洗染店的同學，由他而不是他家人幫我免費染色。

這個心願，是我儘量從每個人的角度換位思考下，推想出最能讓各方接受的狀況。我爸爸當時念這封信給祖母聽，祖母聽了很感動，一直落淚。後來我如願拿到那件小叔叔不喜歡的夾克，再請我同學幫忙染色成自己可以接受的顏色，叔叔也有了自己喜歡的夾克，可說皆大歡喜。

由於習慣換位思考，我也很自然會對不平等的狀況特別有感覺，特別同情弱者。這種對他人處境的容易共鳴與共感，也是我後來會讀心理學、做劇場的原因之一。

看到鄰居女生被家暴，我會跟著流淚；我還纏著外婆說要看她洗腳，為的是想看看早年纏足制度究竟讓女性的腳被折磨成什麼樣？對於這些被壓迫的女性，我都深深同情，覺得她們好倒楣，我小姑春專最近跟我說以前每天早上我會把我

1961 年，我和三姑吳芳子（左一）、妹妹吳雅惠（中）攝於台中公園。

的便當菜分給她、三姑芳子和妹妹雅惠，我真的記不起來，但知道男生的菜比女生多是真的。也因此，我都會幫媽媽提水，從不管鄉下一般民眾會嘲笑這是「男生做女生的事」，因為我深知這背後藏著社會地位的不平等。

我對不認識的人也一樣。在路上看到盲人，我會牽他們過馬路；有回我從台北坐火車回宜蘭，火車開到一半因颱風造成土石流而停駛，乘客都得下車走，其中有些人年紀比較大，我就一路上照顧他們。他們都不知道我是誰，覺得我這孩子不錯，後來到我家時看到我便跟我祖母和媽媽等家人講。我家人就覺得這小孩看起來不怎樣，怎麼大家都讚美？

當然，我內心也會掙扎，自問我要選擇什麼？難道我就要這樣嗎？比如我扶盲人過馬路，但也不希望自己有天變這樣。我不會事情還沒到就緊張，想的是如何利用我現有的資源去過活。我是悲觀中的樂觀。

隨著祖母和叔叔嬸嬸等親戚都覺得我又乖又會讀書，我媽也意識到我根本不會給她找麻煩，不必再打我給別人看，漸漸停手不打。

我從小因為特殊處境養成的「鮎�」般過濾、調解的習慣，倒一直延續下來，只要遇到可能發生衝突的情境，就很緊張也會主動當和事佬。媽媽有次好不容易在過年做頭髮，樣子有點「怒髮衝冠」，比較特別，我看她進來時臉很沉、很擔心的樣子，就先逗爸爸說「媽媽這個新髮型好看吧？」爸爸不得已只好深呼吸後附和，媽媽也才放下心，立刻跑進廁所照鏡子。

爸媽晚年和二弟一家住在羅東，媽媽有次跟我說，她三、四點就起床，二弟妹阿鑾卻六點才起床，我就說若現在是您女兒這時候起床，您大概不會嫌太晚吧？更何況二弟妹晚上必須結帳工作，通常都過了十二點，甚至清晨一、兩點才睡。她也就釋懷。

媽媽也用她的方式表達對我的關心。早年小孩能吃到荷包蛋簡直是上天保佑，我們很少有機會吃到；後來我長年定居台北，有次回宜蘭演講，跟媽媽說我來看您，她說你「騙肖」，是回來演講，我就說我因為要回來看您們，才接了演講。等到我要離開時，她竟煮了四個荷包蛋給我吃，我跟她說這對身體不好，她又說「騙肖」。其實我知道，這四個荷包蛋是媽媽表達她照顧兒子的方式。

我二弟靜時看我每次回家，跟爸媽相處都很好，有次忍不住說：「為何我說話他們都頂我，你說話他們都笑？」我說很感謝你們夫婦照顧爸媽很辛苦，但因為你們都住在一起，講話比較沒忌諱；我是客人，只會在短短時間內儘量讓他們開心。說來大家族要相處融洽，就得靠換位思考來相互了解與溝通。

媽媽晚年身體不大好，有次說「以前能吃、愛吃卻沒得吃」，「現在是有得吃也愛吃卻不能吃」，我聽了很感嘆，也佩服她的生活智慧，因為我覺得這不只是說她的身體，更是她的人生。幸好對她來說很安慰的是，她對我們家族的付出，一直很被肯定，像祖母過世前，就把最重要的東西交給她保管，有位嬸嬸還因此哭起來。我也知道，祖母其實一直很信任我媽，只是在那年代，童養媳的標籤是跟她一輩子的，祖母平時才不好表露。

回想起來，要是我沒學著媽媽，從小認分、自我定位，並進而退讓、換位思考，一定會只考量自己利益，一直抱怨。但我可說有幸早早認知到在大家族結構下，必須考慮各人角色限制與辛苦，又看到爸爸被祖母託信掌管全家時，都很會跟人協調，很樂意聽別人反映各種意見，才也更學會替別人想、顧全大局，不讓別人因為我而委屈。

我（後排右二）從小就學著媽媽（前排右二）認分、自我定位，進而退讓。也學到爸爸（前排右三）樂意聽取別人的意見。

多年之後，我在政大一年級時上了心理學的課，赫然了解原來我從小習慣的自我了解、定位和退讓，就是心理學。尋找自我定位過程中，常需要抽離，這樣才能比較客觀，讓我從不會過分誇張自己的感情，對家人的關係也從未有太強烈的情緒；就算或許有壓抑，也在我到海邊叫跳等各種解套方式中紓解，都不會有負面情緒，對別人是很不好的經驗，我不會覺得不好。我很容易自我解嘲、自我調侃、自我定位、自我退讓、自我即興、自我轉換。我很單純。

再後來，我赴美後，又發現我向拓弄思（Ellis Paul Torrance）學的創造力，乃至英國心理學家戴勃諾（Dr Edward De Bono）談的水平思考，都可說是我早期換位思考的延伸。這些彈性思考方式，和「山不來就我，我來就山」、「此地不留人，自有留人處」等語都是同樣道理，也和我很喜歡的聖嚴法師愛說的「山不轉路轉、路不轉心轉」，有異曲同工之妙。

我這種思考習慣，後來也運用在學校、職場、社會等各種場合，對遇到的各種角色和職位都儘量想清楚，我會思考是在什麼情況、要用何種角度與互動者建立關係，好讓不論朋友、親人或上下從屬，都儘量感到自在。

像我在政大企管所教書時，有些來自國防部的學生找我做指導教授，也許是覺得我權威感和定見沒那麼重，畢業後還會來找我。有次有位學生跟我講話時保持立正姿勢，我說你這樣幹嘛，忽然領悟到，他跟我相處只有一年，若是把跟我相處的習慣帶回去部隊，他會很慘，所以我就順應他用原先的方式，自己調適心態就好，繼續自在地坐著。

不過，再怎麼換位思考，由於我從小在鄉下看過太多悲慘的事，而且很多是個人難以改變的，讓我後來遇到別人自覺悲哀痛苦時，總認為不能抱怨過度。

小時候有次颱風天，有個從小學畢業就到台北工作的女生趕回宜蘭。我問她為何要冒險回來？她說她家是違章建築，怕在颱風天會倒，如果要死，就要跟家人死在一起。這話讓我覺得很難過，儘管這可說是不識愁滋味者的悲天憫人，仍種下我想用實務、具體方式解決問題的念頭，這也是我為什麼始終關注教育、社會工作等，卻無力成為文人、詩人的原因。

教書時，很多學生找我指導論文。某次有個學生很長時間一直沒回應，我猜想他這種年齡一定遇到什麼困難，且一定跟愛情有關，就「傳真」訊息到所辦給他說，若他決定不完成論文沒關係，我剛好騰出空來接受其他排隊的學生；但若他想完成，那麼他一週內一定要跟我聯絡，因為如果是失戀，一週應該可以活過來了，不要沉醉於自以為的悲傷情緒中。他果然回訊說「我覺得應該是我放棄她，怎會是她放棄我？」

我認為，所謂悲哀痛苦，關鍵都在當事人如何看待與面對。若只是個人性的悲哀痛苦，應該要在幾天後就調整過來，不能一直消極下去。

人生像一口井，有很多東西該消除或吸收掉，我這「鮎鱿」就是那個吸收掉人們情緒髒東西的角色，也因此去讀教育心理學，變成社會的情緒垃圾桶、情緒開罐器。我從小就很能體會並傾聽他人訴苦，但再怎麼願意永遠聽人訴苦，我仍然覺得，最重要的是要像「鮎鱿」一樣，把髒東西變成養分。

這，不也是擺渡嗎？

第二章　害羞、寂寞、愛

一九九四年，我寫的《害羞‧寂寞‧愛》在遠流出版社出版，成為我繼《青年的四個大夢》之後的另一本暢銷書。我會寫這本書，是基於個人經驗，因為我從小就很害羞。

我個性害羞，跟我媽媽是童養媳有關。我在大家族雖是長孫，其實不像長孫，常常必須退讓。這讓我學到很多，但也造成我在眾人面前會很害怕、害羞，不會攻擊人，也不會爭取什麼，不敢去要求。

我一九四六年進壯圍鄉公館國小，小學三年級是我很關鍵的一年。那時我成績很好，被同學選當班長，但他們選我不是因為服氣，而是因為我很容易緊張，他們想看我鬧笑話，看我喊起立、立正、敬禮時會緊張成什麼樣。所以我都羨慕別人不緊張。

《害羞・寂寞・愛》寫的是我個人的經驗。

一回我看歌仔戲《薛丁山與樊梨花》，看到兩位主角在舞台上演一見鍾情，彼此四目交接，竟然都沒眨眼睛，一點都不害羞，就非常羨慕，想跟他們一樣。我對戲劇的興趣，就這樣從害羞開始，也想靠上台來克服害羞。

我上台的機會很快就來。也在小學三年級，學校首次舉辦全校遊藝會，需要有國台語協同主持人。我們班上有位長得可愛、家境較好的同學，被老師選去負責講國語；我雖然容易害羞，但因為比較會背稿且記得住，就負責講台語，當時國台語已有「階級」意識。

當時協同主持人也要穿鞋子，但在那個資源缺乏的年代，很多小孩上學都沒鞋子穿，我也是其中之一。為此，我特別去找一位台北來的表姑借布鞋，由於鞋子太大，還在裡面塞了很多廢紙。這也讓我體會到貧富差距問題。

這場遊藝會最重要的是，我首次有機會演戲。當時班上演《花木蘭》，我被老師指派演花木蘭的爸爸，原因同樣是因為我會背稿，而且長得有點抱歉，但我還是很開心，開始積極構思如何演父親。

我到處觀察一般父親後，發現最常見的父親形象是會翹二郎腿和抽菸，就很專注學他們的姿勢。為了逼真，我還跟祖母要菸和火柴來學。

演出時，我因為一心一意扮演好父親，完全忘了害羞。那時沒人想到我會抽菸，我現場點菸，大家當然很驚訝；然後我演吸一口就被嗆到，回到小孩子的狀態，大家又一直笑。這不但讓我第一次領悟到意外喜劇的效果，也發現自嘲、自曝缺憾的功用。從那以後，我就開始常講笑話自嘲。

經由這次經驗，我發現兩個解除害羞的辦法：一是演戲、角色扮演，二是自嘲、講笑話。我後來發現，大多害羞的人都是用講笑話來解除緊張焦慮。

我小時候雙腿骨骼發育不正，走快時膝蓋會撞在一起，每到下坡，同學都會笑我的腳像車輪。體會到自嘲的功用後，我就搶在他們還沒開口前先取笑自己，他們本想戲弄、被我破哏，覺得沒趣，就不講了。

同樣在遊藝會，我有了跳舞的機會。當時負責跳舞的都是女生，我每天都等二姑排完舞一起回家，就在等待時仔細看她們跳舞，記住所有舞步。那時老師是用《甜蜜的家庭》編舞，有時老師不在，大家都忘記舞步，我就教她們，等聽到老師腳步近了，就趕快坐下來。不過我知道，我舞步記得這麼牢，不是因為我領悟力高，而是因為我很有興趣，我動機很強。

一場遊藝會影響我好大，包括面對害羞、學會自嘲、首次參與藝術、發現貧富差距……可見藝文活動的重要。在那之後的小學階段，我每年都問會不會再舉辦遊藝會，但答案都是不會，因為相關的老師調走了。那成了我小學唯一一次遊藝會。

當時我看報紙知道，台北已有很多藝文活動演出，像中山堂有舞蹈表演，就很想來台北看演出，可惜都沒法去。所以我那時很疑惑為何生在偏鄉的宜蘭人，就缺乏演戲跳舞的機會。由於深知鄉下機會遠遠不及台北，只要學校一有演出機會，即使老師沒找我，我都會私自練習準備。我想，我為什麼那麼喜歡藝術，為什麼光看就那麼感動，是因為我一直尋找自我定位，藝術本來就在探討很多這類議題，才讓我這麼有共鳴。

要升小學六年級時，發生了一件改變我一生的事。當時我班上有位同學叫林榮二，就是在遊藝會上講國語、演花木蘭的同學，他的爸爸認為兒子如果繼續留在當時的公館國小就讀，一定考不上省立初中，決定把兒子轉學到宜蘭市中山國小。膽小害羞、認真讀書的我，向來被認為是乖小孩，他爸爸就來找我爸，希望我陪他兒子一起轉學，彼此有個伴。

這位林榮二長得非常可愛，家裡開柑仔店，經濟狀況算很好。我就這樣和林榮二一起轉到中山國小，成為我人生的重大轉捩點。我本來一直不知道為何忽然要轉學，直到我爸去世前，父子倆談起各自的人生與父子關係的發展，我才恍然大悟。說起來，我從小喜歡文字、喜歡走向世界、嚮往台北風光，但我從沒想到有一天會真的離開家鄉，到外地讀書，這都是因為有貴人幫助。當初若沒轉學，就沒有今天的另一種人生歷鍊，我實在是非常感謝這個機會。

就讀中山國小，也讓我發現即使只在宜蘭縣，市區和其他鄉鎮的國小資源也相差很多，學到的東西都是我在公館國小沒辦法想像的。像老師會教我們五線譜，我覺得好棒，可以學到音樂的語言。

小學畢業時，我跟林榮二都考上省中，開始人生另一階段。念中學後，雖然壓力變大，但我像小學六年級時一樣，覺得功課維持在前四分之一，大概第十名、八十到八十五分就好，從未想要拿第一名。

這一方面是因為我沒太大野心，不必在優秀同學中走到最前面；也因為我覺得人生有很多興趣是課堂上追不到的，人生也不是只有一條路可走，不應把時間都花在考試上。我家也一直很自由，覺得小孩能念書就不錯了，對成績沒特別要求，連我後來出國念書，我爸都覺得好奇怪，「幹嘛要出國念書」？

因此，我還是有機會就上台演出。初一有個遊藝會，同學不知要表演什麼，有人說找我代表，我就用《甜蜜的家庭》自己重新編舞。音樂老師楊詠譜覺得我對節奏、舞姿等掌握得都很好，音樂課給了我一百分。

初二時，學校有架鋼琴，是某同學的醫師爸爸送給學校的。有位音樂老師吳恩清，也就是楊詠譜老師的夫人，很熱情，教我和其他幾位愛樂學生彈鋼琴，可惜有一回大家學習時，笑得太開心，驚動校長，校長立即下令不考音樂班的人不能學鋼琴，免得鋼琴損壞。從此，我只好把自己的肋骨當琴鍵，邊走路邊彈「琴」乾過癮。

我學不了音樂，就想學戲劇，初三時一度考慮考藝專戲劇系，順便可以遊台北。但我當時很討厭自己的外表，覺得長得不好看，氣到常打自己的臉；聽同學說，他們哥哥姊姊說過，念藝專戲劇科的男生都是奶油小生，女生都很漂亮，就覺得沒希望了。我爸爸可能是想安慰我，說「沒關係，丑角都是不好看的人」，但我只覺得爸爸怎麼這樣講？

那時，我家族在壯圍鄉公館地區開米廠，碾米也賣米，由我爸爸掌管。我因為是長孫，得負起兩代間的傳遞任務，週末就由我負責送飯去米廠給爸爸和其他叔叔吃。我很喜歡這項工作，因為我只有在米廠，才可以看到中央日報、新生報等報紙，這可是我在貧瘠鄉村中可接觸外在世界的唯一方式。

一九五五年考上宜蘭高中後，我延續「第十名的哲學」，課餘很愛看電影，特別是歌舞片像《萬花嬉春》（Singing in the Rain）等。那時片中的踢踏舞引起狂熱流行，我常常在路上、海邊、回家時跳著舞，甚至後來到美國紐約教書時，都還想學踢踏舞。

我也對另一部影片印象深刻，就是那時紅透半邊天的詹姆斯．迪恩演的《養子不教誰之過》（Rebel Without a Cause）。在宜蘭，比較好的電影都在羅東演，我晚上看電影，因為要趕車回家，都會提早十分鐘離開，但那次我想一定要看完，看完後最後一班巴士已開走，只好走了一個多小時回家。

我還記得我邊走邊哭，不明白為何看電影這麼好的事情，要搞得這麼辛苦？等回到家，發現根本沒人注意到我那麼晚回，也不知我沒吃晚餐，正在自憐自怨時，我忽然又想通了：正因我本來就不是家裡的寶貝，我才能找到自己生存的條件，可以有很多空間，自由自在。

看這些電影時，我很容易感同身受，常常很認同片中角色，覺得大人不了解我，像是被父母誤解、老師誤解等，但我遭遇當然又不像這些劇中人這麼悲慘。不過另一方面，我會不那麼悲慘，原因之一也可能是我能夠自我調適。

我在一般人眼中其實很乖巧，沒什麼反叛，一方面因為我膽子小，很怕事，不會罵人打人；另一方面也因為我心態很健康。家人沒注意到我，我一開始雖會

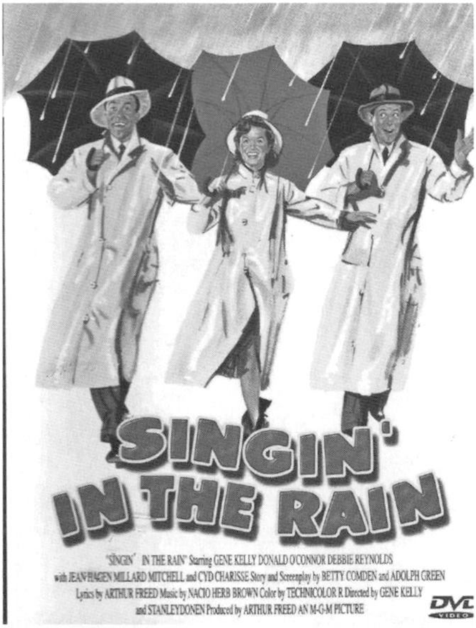

《萬花嬉春》、《養子不教誰之過》、《羅馬假期》是當時年輕人最喜歡看的電影。

生氣，但轉念一想，又覺得沒被注意到反而輕鬆，根本不會自怨自艾。

此外，我也很會自我排解，會去大自然放鬆、演戲跳舞，把自己當學校裡的童養媳，從文化藝術找到退路。我覺得，參加藝文活動和去自然田野放鬆、看新聞、嚮往外邊世界等，都是在課業外的管道。水這邊不能走，就往那邊走，壓力就沒那麼大。

我唯一一個小小的叛逆，也和藝術有關。我由於對藝術有興趣，自然而然會比較注意時髦事物，當時青少年流行穿很短的短褲、很窄的長褲，我大姑吳吻無師自通成為洋裁達人，我就請她幫我修改，她不肯，我就自己來，車歪了再請她幫我整理。

有次我穿很短的短褲，帽子歪戴，邊吃霜淇淋，自以為像電影《羅馬假期》中的人物，結果差點被附近的小混混打。幸好我有位高中同學是小混混之王，跑來罵他們，他們才立刻跟我道歉。

我因為喜歡電影藝術，高一時，還被同學推舉代表班上參加在大操場上舉辦的全校歌唱比賽。我當時唱《熱血》，因為緊張，越唱越背對台下所有同學，還走音，最後得了倒數第二名。此外，我也參加了幾次勞軍表演，不過我通常都不是老師一開始就找的對象，而是在有人不能來或別人不記得舞步時，急忙之中找我遞補缺額。

我這常不被認可的跳舞欲望，在念政治大學教育學系後，總算有機會初次滿足。大二那年，我到李天民舞蹈社學跳舞，大二還跟他們一起去演出；我甚至參加學校土風舞社，只因那是學校唯一的舞蹈社團。後來甚至在迎新舞會上表演查爾斯頓舞。

至於無法正式學到的，我就靠私下觀察學習。我模仿苗女弄杯、筷子舞、扇子舞、新疆點頭舞等，這都在我後來生涯中派上用場；我也學跳交際舞，還在宿舍內教男同學，讓他們在被禁的舞會中「現技」也「現丑」，等他們回來分享經驗，大家總是笑得很開心。

這時期有個經驗，也影響了我之後的行為。那時有舞蹈演出，我都會想辦法去看，但若是由舞蹈社發表會的票，通常不公開出售，只能靠關係取得，我就只能在場外望眼欲穿。

1961 年參加政大教育學會迎新表演。我從話劇中學會頓悟、自我嘲笑、自曝缺憾的生存之道，對於戲劇旺盛的好奇心。

許多年後我擔任新象基金會的董事時，每在他們主辦的演出活動時看到想看卻沒票的年輕人，常把自己的票給他們，再跟新象的許博允和樊曼儂要一張。有回新象請來小提琴教父以撒・史坦（Isaac Stern），我看到一位穿軍裝的小伙子在場外很焦慮的樣子，就把票給他，他驚喜得不得了。說來，與其說是在幫他們，我其實是在替自己實踐當年沒能實現的夢想。

我從小到大的藝術學習，後來都在我生命不同時期發揮作用。大一暑假時我在成功嶺受訓時，意外在認人比賽中拿了第一名，我想這可能跟我從小因為喜歡戲劇，會觀察、模仿他人有關。

大學畢業後在馬祖西莒高砲連當兵時，我小學六年級所學會的五線譜，也在我參加的軍歌比賽立下大功。當時軍歌比賽由女青年工作大隊評審，她們很注意是否唱得正確，我因為會看五線譜，能幫所屬的連抓穩唱歌的節奏、音準等，因此老拿第一，不知情者都覺得很奇怪。

我還擔任十月三十一日蔣公誕辰紀念日慶祝晚會的節目編導，花了一晚編舞，還自己上場當丑角串聯起全舞，反應很好。我若沒有以前各種表演經驗磨鍊，一定無法完成這工作。

如今我在台灣表演藝術界有些參與的經驗，回想起來，基礎都是從小學三年級追求藝術夢開始，一點一滴打下。

然而催促我愛上藝術的害羞本性，至今未變。我到現在若是一回到自己的位置，例如提出自己需求，就會害羞；但若是扮演特定角色，例如幫別人推銷、講話，就不會害羞。所以我一直要進入別人的世界、擔任角色，或是自嘲，這樣才能跳出原本的自我。

這其實不稀奇，表演藝術界很多人都靠進入某角色，才能不害羞、完美詮釋。羅賓．威廉斯（Robin Williams）說過，他因為害羞，要進入角色扮演，才能突破；卓別林（Charlie Chaplin）用自己身分唱歌時，五音不全，但學起男高音歌王卡羅素（Enrico Caruso）唱歌劇，就唱得很好。

我到現在演講也還會緊張，但我會儘量找方法讓自己不要緊張，例如在演講前先想跟聽眾有關的話題，增加彼此親近感。

像有一次，我坐公車去一所學校講與人際關係相關的主題，聽學生在車上說有位比較豐滿的女士是某位老師的太太，另一個學生就說什麼人娶什麼太太。我演講時就談到，人有很多機會可以觀察他人的行為，我今天在車上就看到有學生講老師，又說我沒講是哪個人，請當事人不要對號入座，然後告訴聽眾，那幾個坐立不安的人正在無語承認，大家就笑。

就這樣，內容既符合我的主題，又讓聽眾注意力集中，又可拉近大家距離，自己就比較不緊張。演講後，那位學生也馬上來道歉，我想這對很多人都會是很好的提醒。

說起來，我還得感謝我這麼害羞。因為害羞，我才會對戲劇這麼感興趣，豐富我的人生；因為害羞，我才會想辦法自嘲、說笑話，變得在別人眼中隨和不做作。我始終相信，重點不是要扭轉本性，而是要勇敢做自己，承認自己的弱點，用不同的思考找到對應方法、發揮優點，這才是最貼近人性的方式。

第三章　買一送一學校

我是個很愛哭的人，每次參加一些感人的活動，都會忍不住哭，得一直叫自己不要哭，趕快想快樂的事。但只要現場一有人哭，我就容易哭；只要別人講什麼他人辛苦的事，我也常會掉眼淚。

我會動不動就哭，是因為很小就開始找定位、找尊嚴，對弱者處境非常有感覺。很多人都覺得我吃飯怎麼吃那麼快，這也受我家庭影響，因為我們家吃飯分三批，第一批小孩吃，第二批工作的人吃，第三批剩下的再給女人。我不希望聽大人說小孩沒在工作，怎麼吃那麼慢，所以就趕快吃，在聽到大人腳步來前趕快跑。

我一九七〇年代在美國教書時談到台灣這種情況，學生都不敢相信。他們也很驚訝，我當長工的祖父本來認定我長大後也會是長工或去捕魚，所以更要求我吃飯要快，免得將來被嫌棄；因為他的老闆就是要工人們快吃、吃少點，好趕快去做工，等長工走了，老闆再回來好好享受大餐。

在台灣早期，這類階級化的現象一直很普遍。我也是靠轉學到市區國小，才突破城鄉差距，改變命運，因此我一直覺得教育是改變不公平很重要的途徑。

然而在很多種情況下，教育並非想有就有，我妹妹吳雅惠就是這樣。她在我一歲兩個月時出生，當時祖母覺得我媽生孩子太密集，本想把她送人，我媽因為自己是童養媳，堅持不送卻不敢說，最後是我爸堅持不送，才沒送出去。

我媽因為女兒有如失而復得，對她特別好。妹妹在這種環境下長大，講話都滿有自信，不像我因為「是長孫又不像長孫」，很害怕權威，初中要去遠足時，都不敢跟爸爸說，而是請妹妹去講。妹妹看祖母指桑罵槐怪媽媽時，也不會像我不吭聲，而會直接說「這不是媽媽做的，幹嘛罵她？」心知肚明有智慧的祖母就不再唸。

妹妹、三姑芳子和我一樣讀公館國小，要升六年級時，校長恰好換成一位從羅東一所國小來的教務主任，名叫林阿圳。多虧我妹和三姑當時晚入學一年，才能碰上這位校長，否則她很可能像過去公館國小的畢業生一樣，沒機會再往上念。

那時，初上任的林校長發現公館國小過去竟然幾乎沒人升學，覺得太奇怪，就拜託他以前教過的學生，後來在羅東公正國小教書的蔡奕燦老師，來幫忙帶六年級一年。

結果一年後，全班十六人有十位報考初中，有七位考上省立初中，其中四個女生考上蘭陽女中，包括我妹和三姑在內；三個男生考上宜蘭中學，包括後來在宜蘭創辦私立慧燈中學的林忠勝。他生前曾說過，教育改變他一生，不然他可能只能去捕魚；他會創辦慧燈，也正是靠這份從個人經驗培養出的「貧困環境只能靠教育改變」信念。

這些事都顯現，任何學校的學生，只要校長重視、老師用心，教學得宜，就會改變很大。我也很驚嘆，光是一位老師就可發揮這麼大的影響力，從此更關注教育的力量。二〇一七年公館國小創校一百年，我去參加，遇見員山國小退休老師陳文男等人告訴我，當年都是我叫他們去考初中，他們才去考。可見我真的身體力行。

然而，我妹妹儘管成績很好，常拿第一名，要考大學時，也一度被我媽阻止。我在村裡一直鼓勵、支持各家小孩去讀書，在這方面算滿有影響力，就跟媽媽說一定要讓妹妹讀大學，問她為何不讓妹妹考？我媽不說話，只是掉眼淚。

當時我媽身體不大好，我想她一定是怕將來若沒人幫忙做大家庭的家事，會非常辛苦，我就跟她說，若妹妹以後一生抱怨您，您會怎麼想？又說，如果您想要的話，我們就把妹妹嫁給不學無術的人。我媽其實希望留下妹妹分擔沉重的家事，這才點頭讓妹妹考大學。後來我妹考上現在的靜宜大學。

我妹的故事，只是台灣當年眾多學生因為貧窮等緣故，升學受阻的縮影。當年在我們家這種宜蘭鄉下，大部分人都貧窮，只是略有大窮小窮等級之分，也因此彼此不會惡意嘲笑。

像我家人多，為了省錢，就讓小朋友穿用染魚網的染料染的褲子，但這樣褲子會比較硬、摩擦皮膚，我們就要一直抓褲子，就有同學笑。我一開始會生氣，但後來覺得他們只是好玩，不會怪他們。

有種現在人們會界定成「霸凌」的情況，我也不介意。我念小三時，那時有首童謠叫《大鮎鮐炒非菜》，我因為綽號是「鮎鮘」，小朋友就用諧音改唱歌詞「大箍呆（鮎鮘），炒韭菜，炒炒無人愛，攑燒香叩叩拜」、「大箍呆掠貓仔咬XX，XX𨀤𨀤跳，阿娘死翹翹」嘲弄我。

此外，同學很喜歡玩兩隊對立的遊戲，我和另一個長得可愛的同學因為兩人成績差不多，就被分成兩邊。雖然我跟另一隊並沒有敵對，但他們會整我，把我綁在椅子上，用抹布抹我的臉。現在很多人對這種事可能無法接受，但我從小就了解，小孩這樣並非出自惡意，只是在平淡生活中每天找主題來戰爭、打鬥，可說是很自然的現象，我從不跟家人講這些。

直到有次我在路上碰到這些人，他們又在講我，我覺得到一個程度了，就把其中一個抱起來，把他的頭放在地上吃沙，他很快就投降，從此再也不犯。不過我這麼做，只是為了省麻煩，其實我不怨不恨，也從不告狀。

但若有人基於貧窮等原因，刻意欺負弱者造成不公平，我就很敏感且反感。也是念小三時，班上有位好老師叫做陳柿，有次她有事不能來，有位代課老師代他改作文、書法，結果之前都得甲的我，那次得了乙。

我當時覺得，這位代課老師只給家境好的同學比較好的成績，很難過地哭起來，被同學笑是「為乙而哭」（鴨母哭）。陳老師回來上課知道這件事，就說我將來會有出息，因為我若表現得沒預期好時，自己會介意。

我還會用自己的方式幫其他弱者打抱不平。有些媽媽打小孩，打得非常兇，我覺得太可怕，就在一旁說把小孩打死好了，要送殯時，再看我們怎麼幫妳。我用這種反其道而行的方式表達我的不以為然，但講完我自己都很害怕。可是效果奇佳，只是事後會被罵「死囡仔脯」。

有些大人習慣隨便罵鄰里的小孩，讀初中時，我若看到這些大人罵得太恐怖，也會替被罵者小小報復。一回一位家長罵完小孩去睡午覺，我就抓螃蟹放進他褲管，螃蟹咬他，他醒來大叫，我就裝作不知道。其實罵的若是我，我會算了，但看到別人被罵又不敢聲張，我就會替他們「報仇」。

還有些人受限於當年的社會風氣，活得很痛苦，我都會想辦法幫忙。

以前在東港高砲部隊有阿兵哥駐守我家海邊，他們都很年輕，很自然地跟村裡女孩談戀愛。後來因為這個連調去外島，其中一個女方家人發現他們的祕密戀情，由於女方爸爸死了，她大哥就說要把女生推到井裡以示懲罰，但他其實捨不得，只是要做給別人看，他媽媽也不敢講話。我很討厭這樣，就偷偷約女生出去，讓她跑到親戚家，躲過風頭再回來，果然後來就沒事。

但很多時候，我也幫不上忙。那時總有一兩家非常窮的家庭，偶爾會讓女兒去城裡「賣身」，她們在外面非常認真賺錢，把錢寄回家培養其他孩子。有個家庭就是姊姊做妓女做到快三十歲，辛苦賺錢供弟弟妹妹念書，家庭經濟終於比較好轉，自己卻已很難結婚。

當她弟弟要結婚那一天，她非常高興，長年的辛苦終於看到成果；沒想到當天她媽媽叫她不要出來，不然會給大家丟臉。我知道後很生氣，當場瞪她媽媽，氣她很沒良心，然後就陪那位姊姊走到海邊。她一直哭，說不如死了好，我就勸她不要再寄錢給家裡，要自己照顧自己，有自己的家，不要再回來，因為她弟弟根本連跟她走在一起都不願意，對她毫無認同。

鄉下難免有這類故事，有一次我坐公車，看到兩個女生吵起來，互罵對方幹嘛擠自己，結果她們同時下車時，忽然都哭起來。原來她們是姊妹，要回原生家庭奔喪，但因從小被送到不同家庭，彼此不認識，直到發現兩人都往同個方向走，又有人遞來麻衣，才發現彼此關係。這些都讓人感受到弱勢的無奈與辛苦。

我會對弱者特別有感覺，也是受家人影響。我父母、祖母都非常有同理心，會去照顧其他資源更不豐富的人。像我媽媽因為自己生過病，特別會關心別人，每逢婚喪喜慶有剩菜，她就會加上菜園的新鮮蔬菜熬一熬送給左鄰右舍，這種分享行為，我都深深記在腦海裡。

我念高中時，附近有個為了家計下海的妓女生病，祖母還要我送「藥湯」給她喝。我那時很緊張，想說如果被同學看到，會不會被講話？但我祖母、大姑等都覺得誰需要幫助就該幫，她們都很了不起，比較沒有階級意識，我就在這些健康的女性旁邊長大。

小學時，我家開了米廠，家裡經濟狀況變得比較過得去。我幫忙照顧米店時，若遇到窮人買米，都會多給一點。我爸知道後，並沒罵我，只講你這樣做我覺得很好，但問題是你若一直這樣，我們家會先倒，自己都照顧不了，怎能照顧別人？他這話讓我印象很深刻。

我曾碰到有爺爺到米廠來，我們父子兩人默契十足地讚美他來賣米讓孫子念書，結果成功；也曾試圖說服村裡一個窮人家庭，讓他們考上蘭陽女中的女兒去上學，可惜最後失敗。這些經驗，讓我在念高中時看到有些富有人家不愛讀書的孩子，竟是被父母強逼著去補習，開始萌生辦一所「買一送一」的學校。

我當時想，有錢人家的孩子不愛念書，貧窮人家的小孩想念卻沒錢念，如果有「買一送一」的學校，讓富人提供窮人學費，貧窮小孩給予富人小孩像是抓螃蟹等生活技能與經驗，彼此都會有所成長，可說兩邊都受惠。我會有這種「貧富雙贏」想法，又跟我在中山國小讀六年級的經驗有關。

中山國小在市區，學生大多就住城裡；我家算在鄉下，後面就是海灘，長滿壯圍鄉特有的百合花，很多同學的姐姐都請我幫她們採百合花。我雖然嘴不是很甜，但會說些小笑話，所以她們都很喜歡我。有次學校要遠足，老師想我家既然在鄉下，風景不錯，就決定整個六年級六個班都來我家遠足。

那次遠足非常成功，同學在海邊玩水、抓螃蟹、看百合花，玩得不亦樂乎。當時沙灘附近種很多林投樹，樹刺刺的，長的果實很像鳳梨，有些同學平時總笑

林投樹的果實很像鳳梨，是我用來取笑市區小孩的工具。野百合花則是我用來取悅同學姊姊的禮物，每次回家鄉，都可以看到百合盛放。（李蕙蓁攝）

我們這些來自鄉下的同學土，那時因為沒看過真正的鳳梨，就問我這是不是鳳梨？我就跟他們說你自己判斷，結果他們一吃，都被苦得吐出來，我就說「現在看看誰是鄉下人？」頓時城鄉角色對調，大家也笑成一團。

我家因為看老師帶隊來訪，那天還特別殺一隻鵝給老師吃，就有同學笑我「殺鵝請老師」。遠足之後有些同學喜歡來海邊玩，吃飯時，因為人多菜少，大家都用搶的，那些包括醫師、大老闆的孩子就都覺得特別好吃，回家後一直講。後來還有同學媽媽問我，那天到底吃什麼菜？我說就只是這些，但因為大家搶著吃，就會覺得很好吃。

那次遠足還造成幾個影響，首先是，有幾個同學爸媽會覺得老師說要來我家遠足，一定是因為我家很特別，所有人也都因此知道我，這對我實在是很大的榮幸。

再來，同學來家裡找我時，說要找「吳靜吉」，沒人知道是誰；等同學想起我的綽號是「鮎鮘」，家人才恍然大悟。

最重要的，我從這次經驗感受到，資源不對等的雙方，也可能相互合作、相處融洽。我這種想法，也經後來許多心理學和組織行為的研究證實，經濟、文化、種族和專長等不同特色成員組成的團隊，創造力確實會比較強。

因為對教育的關注，考大學時，我的志願分兩類，一類是外文、外交，一類是教育、社會工作類，最後我考取政治大學教育系。在那時，我就常跟朋友提起辦「買一送一」的學校。去年我碰到中研院院士莊炳湟，我還記得當時他還在念台大，聽我講過這學校的概念，就說他爸爸是頭城鎮鎮長，知道山上有很多空地，可以蓋房子蓋學校；後來我認識舞台設計家聶光炎等藝文人士，他們也覺得很好。

我那時想，若我有這個地方，文化界人士也可常來，成為學生的導師；學生則有兩種，一是沒錢讀書，一是有錢但不想讀書，我們就可安排他們如何互相貢獻，讓貧富青少年都學習成長。雖然我不是像林懷民那種會跳下來自己做的人，但我一直希望有人能實踐這個概念。我認為，透過這種學校制度，應能有效超越階級隔閡、促進彼此理解，也讓人人都享有同等教育機會。

在加州，就有所貴族中學安排富有家長付的學費是一般家長的兩倍，好讓其他念不起這間學校的學生也有機會共享資源。這些有錢家長認為，這不但是做好事，也能幫助孩子認識不同階層的生活經驗，得到成長，都欣然解囊。

我也聽一位政大科管所博士班學生林大溢說，他到哈佛大學短期訪問一年時，兩個讀小學的孩子在當地一所公立學校就讀，所有學生在校內的午餐都用儲值卡付錢，且每個學生不論家庭經濟狀況，儲值卡金額都同等。貧窮家庭的小孩以為這些金額是學校提供，但其實是校外人士，包括同學家長為讓每位學生都吃飽而捐。這也可說是實踐「買一送一」的概念。

這也是為何紙風車文教基金會二〇〇六年起陸續發起三一九鄉村兒童藝術工程、三六八鄉鎮市區兒童藝術工程時，我很感動，覺得那種邀請各界捐款請兒童看戲的方式，很像「買一送一」概念的延伸，也發揮了「山不來就我、我來就山」的教育意義，實踐了我小時候一直想做的事。

我常覺得，走過困苦路的人，會比較體貼。因為自己走過辛苦，後來狀況比較好，會覺得別人只要有機會，也可以跟自己一樣，如果大家都有這觀念，社會一定會比較好。

紙風車兒童劇團參加「2018 城南有意思」活動，帶來《武松打虎》、《桐花島的故事》兩場精彩的兒童劇演出，將歡笑帶給民眾。（紙風車文教基金會提供）

我也是因為這樣，一直比較能體會他人的處境。我在美國留學時，有次和一群留學生聚餐，發現有個來自台灣的女生的表情常常閃躲，我就說妳一定很委屈喔？她立刻哭起來，原來她遭到性侵。我問她有沒有懷孕，她說沒有，我安慰她這是不幸中的大幸，否則在當年華人留學生處境不穩的美國，恐怕問題更多。我要回台時，她還專程來感謝我。

後來我在紐約任教，有次和幾位美國劇團朋友看演出後，一起去一家餐廳，恰好是位台灣女留學生當服務生。奇怪的是，我們的菜出得很慢，我問她怎麼這麼慢，她就一直掉淚；我再問是否有廚師、服務生或其他有決定權的人對妳不好，她就哭起來。原來是一個拉丁裔的廚師想吃她豆腐，要摸她一下才把菜給她，她堅持不肯，出菜就慢，拿到的小費就少。

那天我恰好穿白色唐裝，假裝會武功，我就叫其他美國朋友跟我演戲，給廚師下馬威。他們就跟廚師說我是教功夫的，叫他不要再欺負那位女生，還說我在這邊有很多學生，會常來檢查廚師有沒有再欺負她，這次看在他不是惡意的分上，會先原諒他。廚師嚇得一直點頭。

再過一個禮拜，我們幾個人又去那家餐廳，那位女生很高興地說廚師再也不敢欺負她，現在對她很好。我回台時，她也跑來感謝我。

我從小到大這些對貧窮、弱者與不公平的體會，也促使我在二次自美任教返台後兩年，擔任現在更名為家扶基金會的中華兒童福利基金會的董事長，一做就是七年，還在一九九一年又「回鍋」任兩年。這也感染了張小燕，在當時紅遍台灣的「綜藝一百」節目結尾開闢五分鐘的「溫暖單元」，促使愛心滿滿的台灣人踴躍捐款，多到可以在澎湖成立家扶中心，由於房子登記在董事長名下，我家人還誤以為我在台北賺很多錢。我在任期中若有一點作為，都可溯源到我自小對弱者處境的意識，以及後來跨領域的各種經歷，但這就待後話再說了。

第四章　家在海的那邊

我從小家就在海邊，這讓我之後生活即使遠離海，但我心中永遠有這意象。一九七一年我去英國，到狄更生寫《雙城記》的多佛市（Dover）參觀，小旅館離海邊非常近，整晚都彷彿沉浸在海浪聲中，那晚我睡得非常好。這是因為我一直很適應海浪的節奏，海不論是風平浪靜或狂風暴雨，對我都像畢卡索的畫。我離不開海。

我對海最早的記憶之一，是我七歲時，正值二次世界大戰末期，家鄉海邊和琉球常往返走私，政府都睜一隻眼、閉一隻眼。

那時每到黃昏，大家就送米、茶葉等台灣農產到海邊，或把琉球來的船載的東西帶回來，我每次看兩艘船在海上接觸，用各種燈光打出暗號，都覺得那明明滅滅的海上風景好美、好神奇，很希望有天也能隨船出海，讀萬卷書，行萬里路

為了逃避負刺激，海邊成為我逃離懲罰的避風港。在海邊和海浪賽跑、學鳥飛行，因害羞而經常對海說話和唱歌，似乎也因此奠定肢體表達和體育基礎。（何定照、林馨琴攝影）

奠定了旅遊世界的動機。

十九年後，我終於搭上去美國的船，前往明尼蘇達大學留學，實現我幼時在海邊種下的願望。

海邊是我很重要的世界，小時候，為了逃避可能的衝突和懲罰，也因為在眾人面前會很害怕、害羞，我早早就懂得「此地不留人，自有留人處」，海邊就是我最常去的避風港。

若遭到責罵，我雖從不頂嘴，但仍會表達意見，之後也會趕快跑去海邊「避難」，做自己的事。身在大家族，這時也有個好處——我偷偷跑到海邊，都不會有人發現。

那時一般鄉下民眾都是為生活才去海邊，例如去捕魚等，但我這沒維生責任的人，去海邊只是為了逃避。每次到了海邊，我不用再面對人的眼光，就能毫不害羞，自由自在學鳥飛、跳舞、跟海浪賽跑、跳遠、對海說話或唱歌。有時我也只靜靜欣賞海浪之美，想像浪濤之外有多少個未知國度。

有天我看海邊出現彩虹，覺得好漂亮，對著捕完魚準備回家的大人說：「不要那麼匆忙，坐下來看海吧！」其中一位鄰居就罵我不知好歹，只會說五四三，「你這有錢人，不知我們每天跟大海搏鬥，捕魚多辛苦！」我家不是有錢，而是沒那麼窮，更何況小孩子也不必捕魚與海搏鬥。

我後來在馬祖西莒當兵，海面上有些藏著大陸軍隊「水鬼」的漁船，黃昏時開向岸邊準備放下「水鬼」潛入我方，我方很緊張，想趕跑對方，就打砲彈過去。當時我因為看海面上炸開火花，覺得好漂亮，就脫口讚美，結果也被軍官罵。這都讓我醒悟，許多事物只是看起來美，裡面可能暗藏險境與問題。

到了初一，我在學校學的東西更多了，就進一步在沙灘上畫出來。像畫英文字母時，我除了用手畫，還會用身體扭轉出字母形狀，我抱著樹說 tree，踩著沙說 sand，跳起來喊 jump。這一方面達到用身體來學習、記憶的效果，一方面也是運動，都是自然的學習。

我也會畫世界地圖。那時有位來自大陸東北的國文老師劉鳴嵩，常跟我們說東北風景多美，還有冬天冷到小便都會結冰等趣事，都讓我非常好奇，也對海外世界更加嚮往。我每次都邊在海灘畫世界地圖，邊在畫好的不同國家跳來跳去，

我小時候喜歡爬樹，會抱著樹說 tree，腳上踩著沙說 sand，我的英文就是這樣練習出來的。（林馨琴、李蕙蓁攝）

想像我現在二十歲，人在哪裡，之後又要去哪裡等等，用這樣的方式來旅遊中國各省和世界。

初三時，我注意到報上常有關於外交官的新聞，很羨慕，因為外交官可以自在穿梭在人群中，不會像我這麼害羞；又想像外交官可以每年到不同地方，不但旅行，還可以學各國舞蹈、戲劇等，都是我喜歡的事情。我就想將來也應該出國，開始把外文系、外交系也列為以後考大學的志願科系。

我這樣常年在海邊跑跳，到高中時，有天大家忽然發現我運動很好，高一班上愛運動同學私下全能比賽，我竟然全班最高。我總想，我這天生扁平足和雙腿骨骼不正的人，能訓練出這麼強的運動能力，一定是海邊成就的，她還成就了我的舞蹈等肢體表達能力。

舞蹈和大自然的關係，首位赤腳跳舞的「現代舞之母」鄧肯早就談過。她小時貧困，家也住海邊，常常一個人跑到海邊聽著海風、看著海浪起舞，覺得人體活動應該與風和海一體。原本很放不開的我，應該就是在學海浪起伏、海鳥飛翔中，把肢體培養得自在圓柔。

我的運動能力，則應該來自常跟海浪賽跑、跳遠。那時只要海浪不大，我總一看海浪來，就趕快跑，由於是在沙灘上、有阻力，比較難跑；等到了平地，沒有阻力了，就變得跑得很快。我這骨骼不正的雙腿與扁平足，大概就是這樣被練得比較穩健強韌。

高二學校要選拔代表參加縣運，我被選中參加。比一百公尺時，因緊張而起跑比較慢；跑兩百公尺時，可以靠後勁發功，最後竟然跑贏校隊，等於要代表學校去跑兩百公尺。當時，全校觀賽者都瘋狂叫喊，但我不覺得這是我要追求的。

那時獲選縣運選手，學校會發雞蛋和牛奶進補，我因為同時獲選三級跳遠選手，學校還找來曾在一九五四年馬尼拉亞運會四百公尺中欄奪得第六名的蔡成福指導。蔡成福看我跳遠，說可以培養；檢視我的腳時，發現我是扁平足，更驚訝我彈性竟可如此好。後來他說要培養我的事雖不了了之，但我不但不在意，還心中暗暗竊喜。

依照選拔成績，我原本該代表學校跑兩百公尺，但當時有位同年級同學正在追一個女生，希望她看到他代表學校去跑，拜託我把代表學校的機會讓給他。我就在再次比賽時，故意跑輸他一點，讓他贏得代表資格，多年之後他也與那位女生結為連理。這也算是我促成的姻緣吧？不過，當時體育主任很生氣，認為我是故意的，說不要讓我再喝牛奶。

其實，我因為很容易焦慮緊張，真的不願意當校隊選手；真正比賽時，我也常因為緊張想上廁所，導致預賽成績都比決賽好。但我體育之好，在當時確實令人意外，教育部前體育司司長、台灣師範大學體育系前系主任簡曜輝，是高我一年的學長，找我去台師大演講時，就介紹我說我的體育比他好，台下都哄堂大笑。

海灘就這樣養成我許多身體能力，海浪則平撫我許多挫折，若說我有叛逆期，可說都在海邊消磨掉，也讓我一直覺得小孩不該只被關在教室。至於我在海邊眺望的那些遠方國度，則在我進大學後，一步步越離越近。

一九五八年，我考進我填的第十個志願政大教育系。成為新鮮人，我第一堂課就上到胡秉正老師的普通心理學，馬上愛上，喜歡得不得了，興奮地拿每一個心理概念分析來分析我自己和他人。

例如我分析媽媽，從心理學角度，更能體會媽媽做為童養媳的辛苦；我也分

政大畢業時拍攝的學士照（1962年）。

析祖母為何那麼厲害，能夠掌控整個家族，她又如何找到自己的定位，並將彼此關係扣在一起，還分析老師、同學等。

到了大四修變態心理學，系主任胡秉正找來著名的劉錫恭醫師教變態心理學，教我們很多包括投射、昇華、防衛機制等概念。由於這些專有名詞都是英文，加上我想為將來出國留學做準備，都用中英夾雜的方式寫筆記，每讀一個病態行為還用自身對照，好像自己百病纏身。

面對畢業，我當時已想好一面考研究所，一面也準備出國留學，以防萬一。為了考研究所，我早早就去旁聽可能出題老師的課，好摸索出題方向；同時，我也努力讀英文考試，向海的那邊靠近。

不過，我要報考研究所時，學長陳文章問我若研究所和留學都上，會選哪一個？我說留學，他就請我可否不要考研究所，把機會讓給他，因為當年研究所沒有備取名額，若我考上卻選擇留學，他就可能沒機會了。我答應了。從那天起，懂得感恩的他對我特別好。

多年後，我從美國返台，每年暑假都向教育部申請出國回紐約重溫藝術夢，一方面也藉此測試自己是否被列在戒嚴時代的黑名單中。當時陳文章在教育部工作，幫了我大忙，雖然他只是靠同事關係把我已經躺在最下面過久的申請資料拿出來而已。

政大畢業之後我赴馬祖當兵，赫然發現我擔任幹事的連，竟就是曾駐守在我家鄉海邊的同一個連。連上不少阿兵哥都對我家鄉女孩子各有好感，我又都認識她們，就開始應這些不識字的阿兵哥之託，根據每位女孩特徵一一寫情書，然後大聲唸給大家聽，總是皆大歡喜，所以每位阿兵哥都跟我好得不得了，我當兵也因此非常愉快。

也在那段期間，我開始申請美國研究所。寫個人背景時，我意外發現，大一暑假在成功嶺受訓時被選為榮譽學員的資歷，很有助於申請學校。說來我能獲得榮譽學員，也跟我小時經驗有關：小學六年級學會看五線譜，使我幫連上拿了歌唱比賽第一名；受家庭影響吃飯很快，則讓我能早早開始飯後清掃工作，幫助我們班上拿清潔比賽第一名。

申請學校時，我發現有位在大陸時期的政大校友吳坤淦正在科羅拉多大學教教育心理學，就請他建議我教育心理學要念哪些學校，最後依他建議的學校中決定念明尼蘇達大學。

我決定去明尼蘇達的另一個原因，是那裡的經緯度和大陸東北很類似，我想藉此見證初中老師口中的東北到底有多美。我當時也認為此生不可能去中國東北。不過，要去明尼蘇達，留學結匯的金額是十萬台幣，還得在申請簽證時就準備好。

很多人以為當時是我家裡賣田為我交學費，其實沒有。雖然念明尼蘇達要籌十萬元，但若念奧勒岡大學，只要六萬元，我就先拿奧勒岡大學的入學證明去申請簽證，這樣就只要先準備六萬元，我爸則抵押土地來借這筆錢。

其實我並沒有在第一時間告訴爸爸我大學畢業後的規畫，我爸是在發現政大研究所榜單沒我名字時，問我為何沒考。知道我想留美，他又問我「沒錢你要怎麼出國？」我說我已打聽好，許多先去美國的學生會匯錢回來借給沒錢的同學，讓他們達成入學條件，等到了美國再陸續還錢，此外也可申請獎學金。爸爸聽了，一句話都沒說，最後默默到銀行貸款讓我結匯。

我也要謝謝我妹妹雅惠。我準備赴美的那一年，她進宜蘭高商教書，我申請學校和來回台北、宜蘭的費用，全都由她支持。

不過，我跟祖母和我媽初次說要出國時，她們一直哭，因為在鄉下，過去出國的人都是被送到戰場上打仗，所以她們對出國的認識就是像日本政府統治時代時，村裡有人被送到南洋當軍伕或光復後被徵兵的鄰居去大家不熟悉的地方服役一樣，怕我會死在戰場。我跟她們解釋後，她們才明白，全家族都替我高興。

在爸爸的貸款和妹妹的支持外，我也跟一些已拿到獎學金要赴美的朋友談好，等我抵達美國後，先借我美金，讓我能先匯錢回台灣，讓家人換成台幣，那時一元美金可換四十五至五十元台幣，爸爸還銀行錢就能比較快；等到我也打工並拿到獎學金，再來還朋友錢。

到了美國，註完冊，我就陸續將美金現金寄回台灣，再由四叔拿到台北換台幣。一學季（quarter）後，我考上「職員」資格，能在暑假替醫學院教授測量心電圖，除了還朋友錢，每個月還可寄一百美金（約當時小學老師月薪五倍）回台。等到我擔任創造力大師拓弄思（E. Paul Torrance）的研究助理乃至兼任講師，能寄回家的錢就更多了。我怕家裡擔心我為何會有那麼錢，還先寄給我四叔，讓他拿去換成台幣再轉交。

一九六四年一月二十六日我出發赴美前，全家燒香拜拜，沒想到家裡香爐突然發爐，這在傳統習俗上表示有人事發生，家裡就趕快拜說回國後會殺豬公還願，來感謝祖宗保佑。之後，我就坐著八叔吳忠太開的耕耘機到宜蘭火車站，再在爸媽陪同下，一路搖搖晃晃坐慢車到高雄乘船。

我選擇坐船去美國，是因為票價比飛機票便宜很多，單程票是台幣七千八百元。由於我中途還去日本拜訪幾個城市，等到在美國波特蘭上岸、和也要去明尼蘇達大學的留學生汪信雄坐灰狗巴士到目的地時，已是三月六日。

那時還有件驚險的事：我坐灰狗巴士往明尼蘇達時，剛好有移民局官員來檢查，問我要去哪？由於我拿的是奧勒岡大學的入學證明，我趕快說只是要陪同學去明尼蘇達大學。這也可看出我因為經濟困窘，留學之路有多曲折！

當我終於在溶雪的時候來到明尼蘇達大學，找到系主任威爾可（Roger E. Wilk）博士，馬上又有了震撼教育。當時他非常緩慢地問我，在台灣大四時試教過什麼科目？我那時是在木柵國中試教英文，但我在台灣其實從沒和人用英語對話過，所以非常尷尬，不敢回話。直到在他鼓勵下，我才鼓起勇氣，問他可不可用書寫方式溝通，免得他對我講的英文產生誤解。

我當時寫：「如果我告訴你，希望你不要嘲笑我。」他就很誠懇地又慢慢說，我是他們系上第一個華人學生，他希望多了解我的背景，當然不會嘲笑我。我這才在白紙上用力寫下「English」，沒想到他立刻大聲笑起來。

我一開始覺得非常羞恥，但從他的表情中，我了解到他不是在嘲笑我，而是因為我的答案讓他覺得很意外，覺得兩個人的對話很幽默。他還告訴我，覺得我很幽默，甚至廣為宣傳。

他這樣的評語，對我的鼓勵很大，開始很自在地用洋涇濱英語與他平等對談。他用這麼欣賞的眼光來看我，我為什麼還要害羞呢？

我過去在台灣對權威人士的害羞習慣，就此改變。從此我即使面對專家，也能臉不紅；面對權威，也敢於溝通。當然，我更敢用破英語走天下。

我還在念政大時，有次在校園附近遇到一位先生，問我要不要算命，我說不用，我命很苦。但我爸後來曾給我看幼時請算命師幫我算的命盤，說我十八歲會自立，不用別人管，命不錯。至少就我很早就會自立這點，算是對的吧。

我這從小向世界張望的「憨鮎鮘」，就這樣在大海彼端展開新階段。奇怪的是，在美國時，我常夢到回到宜蘭那三條河的交界，可是我小時候明明就被禁止去河邊，因為我家人怕我發生意外，也不想讓我將來去捕魚。我想，這應是因為我出國前就決定回來、出去的目的就是要回來，才會夜有所夢。

第五章　與創造力結緣

未到明尼蘇達大學讀書前，我從不知創造力是門正式的學問，也不知道創造力大師就在明大。隨著經驗的累積，誤打誤撞擔任起創造力大師拓弄思（E. Paul Torrance）的研究助理，並因此接觸創造力，相見恨晚，深感創造力就是我一生一世要做的事。

我跟創造力的關聯，大概從小時在鄉下四處「野放」大小便就開始。這些幼時經驗，包括因為資源少、必須靠自己組合「窮則變、變則通」的學習方式，不僅可能真的助長我的創造力，還成為我在明尼蘇達大學課堂上分享、分析的素材，讓我迅速得到師生們的肯定與歡迎。

然而我在明尼蘇達大學的學習歷程，並非一開始就一帆風順。上「學習心理學」課時，我其實聽不懂老師在講什麼；我試著跟一位來自比利時的女學生借筆記，她也不肯借我。

第二次上課時，由於規定每週都要讀好幾本書，更讓我壓力大到在宿舍邊讀邊哭，想著讀不完怎麼辦？

就在那時，一位也來美國念書的教育系女同學喬龍慶，告訴我她如何在念圖書館系之餘，還一面當圖書館員養活自己，我於是下定決心：我也要讓自己活下去，要在念書之餘另考職員（Minnesota Clerical Test）賺取生活費。

擦乾眼淚後，我開始擬定策略。我不聰明，但很會考試，我決定全力攻讀課堂教授強生（Paul Johnson）指定的一本教科書就好，其他參考書只讀最特別、跟其他理論不同的部分。這樣我省下大量時間，學習也能融會貫通，最後考試時，我跟那位比利時女生的成績最好。

有了信心後，我在課堂上越來越放得開。上「人格發展」時，老師要同學分析書中概念，例如大小便訓練方式對人格影響很大，若訓練方式比較自由，孩子未來創意比較高；若限制得太嚴格，反而會抑制創意。

我靈機一動，把幼時的經驗跟這個理論結合，和師生分享。我說我在台灣鄉

喬龍慶（中）比我早到明大唸書，她教我如何半工半讀，養活自己。圖為我於 1999 年到美國找他們夫婦。（王榮文提供）

2001 年和喬龍慶（前排中間）等老朋友相聚合影。（王榮文提供）

下，四處都可以大小便，每次放了野，媽媽就會用燒完柴的沙把大便盛起來並掩蓋，拿到菜園施肥；想小便就靠口哨，吹一下，尿就來，都沒有佛洛伊德（Sigmund Freud）說的壓抑或延遲，應該會比較有創意。我這麼一說，全班同學都笑得很瘋狂。

我上基本統計課時，由於台灣學生本來就很早上數學課，統計表現也很好，可以說是占了來自台灣的便宜。雖然如此，我仍會跟統計老師開玩笑，說我若成績不好，只好留在這兒開餐廳，你們來可以有八折優惠，老師聽了都哈哈大笑，對我印象很好。最後考試時我雖沒推斷出正確答案，卻拿到很高分，老師的理由是我處理問題的方向正確，已經很不錯。

我就這樣被美國師生普遍認為很幽默、很會開玩笑，又能從我這邊學習到異國文化，因此大家都對我很好。但我能有如此的因緣際會，當然也跟我來自台灣的學生一樣，很努力、表現不錯有關。

我在強生教授課堂上拿到高分，還帶給我一個意外收穫。他暑假也開同一門課，主要是開給博士班學生，由於我考得好，就找我當助教，因為他說他的課太難，沒多少人聽得懂，助教可扮演他和學生間的橋梁。他現在八十幾歲了，還在明尼蘇達管理學院當教授。

在這堂暑假課上，強生教授是從週一教到週四，我負責週五摘要給學生做一週總結。結果當助教的第一天，我就出了糗：講到法國心理學家皮亞傑（Jean Paul Piaget）時，我因為照英文發音，學生聽不懂，我寫在黑板上，大家才恍然大悟，一齊用法文念出正確的發音，大家就笑起來。

我知道這是個危機，學生會因此質疑我是否適任，更何況我只是碩士生。幸好我事前有準備：馬上把我上課前從複雜理論整理出的架構圖表，清清楚楚畫在黑板，讓學生一目了然，展現我的專業能力，果然立刻贏得學生感謝。我很清楚，若要生存，就得盡好助教責任；若做不好，就沒法保住工作。我在那堂課上因此跟學生都建立很好的關係。

暑期助教之外，我也開始實踐我打工方面的目標：考職員。當時念文法科的留學生大多去餐廳打工，我聽說也有留學生是當職員，就去找教育心理領域相關的職員考試。

這種職員考試，據學長說從來沒有華人嘗試過。但我注意到考試都是每隔兩個禮拜考，且可以重複考，就打定主意考第一次先去記題目，學個經驗，第二次再考，勝算就會比較大。結果我真的考過了，朋友都覺不可思議。

有了職員資格後，我幫一位心臟科醫師做心電圖測量。這位醫師的太太是來自法國的留學生，也對留學生特別有感情，加上我愛講笑話，他們夫妻倆都覺得很有趣，也對我有好奇心，常請我到他們在湖邊的家一起吃晚餐。

我幫他工作期間還有個插曲是，我住的公寓裡有一位基督教牧師，一直想讓我變成教徒，願意教我英文。有一天有個同學看我不在，便在我的打字機上打幾個粗話，牧師問我知道什麼意思嗎？我就藉機請他教我所有與性有關的英文字，以免我將來「被罵了都不知道」，他非常開心教我許多四個字母的「性話」。之後他邀我假期時跟他們坐車去加州旅行一周，說我回來後一定會感受上帝呼召。我想若跟他們去，不但可以練習英文，加州又一定好玩，就很想去。

但是，我若跟他們去，就沒法工作，會失去打工收入。我就問醫師說，我可否把每天八小時的工作時間延長為十小時，雖然打破原來的規則，但工作總數時間一樣？他答應了。我就在出發旅行前，順利做完所有事，再跟牧師一行三十人去旅行。

這趟旅行很有趣，由於他們都是虔誠的基督教徒，每次吃飯前，都為我禱告，祈求神「help Jing-Jyi」早早感受到祂的恩典。我也是在那時，看到他們有時興起說大家來表演，都馬上可以組成團表演，覺得很羨慕，暗想我回台後也要有能力如此。

回學校工作到暑假結束後，醫師希望我秋天繼續幫他。當時學生要打工，必須得到學校外國學生顧問室的同意，但醫師和我都不知道要報告，外國學生顧問室的一位顧問就跑去報告我們系主任說我非法打工。所幸系主任本來就認識我，覺得這種指控很無聊，只回答說我一定不知道，不是存心要欺騙。我就這樣過了一個險關。

就在這個時候，我初次遇上拓弄思。他是我們教育心理系上最有名的教授，很多學生都因為他來念本系，我卻在來美後才知道他那麼有名。

那時他有位印度裔的博士生助理，因為口試時統計被問倒，明尼蘇達教心系又是以統計出名的學校，就沒通過博士論文，拓弄思因此沒了助理。當時拓弄思正在處理新加坡華人的創造力測驗，系主任立刻主動推薦我當他助理，但當然得先分別問過我和拓弄思。

系主任告訴我，現在有個機會可當拓弄思助理，但他知道醫師很喜歡我，也想找我繼續工作。不過幫醫師工作的話，一方面收入比較少，一方領域跟我學業沒直接關係，倘若是當拓弄思的助理，不但學費可以減免一半，跟我所學也密切相關，問我考慮如何？

我立刻說：「第一等人會創造機會，第二等人會把握機會，第三等人不屬於以上兩者；我不能作第一等人，但還能當第二等人。」表明願意當拓弄思的助理。系主任馬上告訴拓弄思有個學生樂意當他的助理，並把我的回答告訴他，問他願意讓我來嗎？拓弄思聽了笑起來，說當然。

那時是一九六四年秋天，我就從那年起到一九六六年，很幸運地做了兩年創造力大師的助理，除了負責創造力測驗評分工作外，我也因此深入美國創造力發展的歷史。

一九五〇年，南加州大學的吉爾福德（Joy Paul Guilford）教授被選為美國心理學會主席。這主席是在接任前一年被選出來，通常有很大的成就，他會在就任演說時提出未來的引領方向，當時吉爾福德的就任演說就是談「創造力」。

吉爾福德向來擅用各種心理測驗研究來探討創造力，這也是他當選主席的原因。他用因數分析（Factor Analysis）統計方法，跑出能力的各種因數，認為創造力並非只是ＩＱ智商。他指出，ＩＱ講求邏輯，是匯聚性思考（convergent thinking），也是既有教育系統要求推理求得正確答案的方式；但相對於此的擴散性思考（divergent thinking）、幅射性思考，也就是創造力思考的基本能力，其實可引導出更多可能性。

拓弄思就是根據吉爾福德的擴散思考觀念，編了創造力測驗。美國在一九五七年蘇聯發射衛星後，開始重視創造力，拓弄思也從一九五八年起開始在明大附屬中學實際做測驗，並於一九六二年出版關於創造力的著作。這些研究各國都很重視，企業界也會找他演講。

我因為拓弄思，才知道原來企業界、政府機關都很需要創造力。一九六六年，有個日本團隊來我們系上訪察創造力，拓弄思說由我這個東方人對東方人講可能更有效，要我也對這個日本團隊談一小時的創造力，我就運用他們生活中熟悉的元素來講。

那時因為我幫拓弄思做的測驗是比較新加坡雙語和單一語言者的創造力程度，結論是雙語的創造力比較高，我又做很多創造力測驗評分，就擴張到東西文化如何影響創造力，可能差異又為何。其中也談到，日本人上課排排坐，西方人上課會自行變成各種隊形；包括日本在內的東方人，是老師自己講，學生少說多聽為妙。西方是鼓勵學生問問題，都可能影響創造力。

我向日本團隊講解這些時，一邊說，一邊學日本人習慣身體、雙手收攏的拘謹動作，日本人一看都很有感覺，馬上了解。後來拓弄思告訴我，這個團隊很稱讚我。

拓弄思不論在工作、上課、私下相處時，都很熱情開朗，在他的帶領下，研究團隊與學生的相處都很好。我們工作時，大家會互相幫助，像我的統計不錯，其他助理若遇到統計問題，就會來問我；我若不會，就去問其他統計老師，再回來教大家。

上課時，拓弄思常藉由活動讓學生體驗，氣氛活潑愉快，這也影響我後來的教學方式。我一九六四年暑假開始當強生教授的博士班助教時，教學還很傳統；等到一九六五年冬天，學校要改革課程，開始使用電視教學，主講教授一次要對幾百人開講，然後分組討論。我帶一組，就開始也像拓弄思一樣在課堂上進行很多活動，包括辯論、意見分享等，讓學生也能表達意見，畢竟我英文也不很好。

可能因為拓弄思個人的人格特質，他的助理也都很有人情味，很喜歡非正式聚會，其中一位被暱稱為Bee的布利洞（B. Bleedorn），五十歲才來當拓弄思的祕書。這位女士很慷慨大方，暑假時都會約我們到她住處的湖邊避暑，我就會做各種魚料理給大家吃。

還有另一位助理Nick Aliotti，很喜歡開派對，我們每人都會貢獻一道菜。我有時候做滷蛋，有時候做烤雞，大家都在不同菜色中認識文化差異。說到這裡，因為我很喜歡吃辣椒，為了省錢，我通常會炸乾辣椒做成辣椒醬油，一方面讓大家嘗鮮，另一方面我自己只要有辣椒醬油配白飯就快樂得不得了。但炸辣椒對鄰居來說是無法忍受的，所以我都在禮拜天炸，事先一定會告知鄰居，請他們先出去玩。最可貴的是，每一次他們回來，都會跟我說"It smells good"！（聞起來好香），顯然他們都喜歡我做的菜，還要我口述做菜的方法和食譜。

有次我們又開派對時，有位印度學生做咖哩，有人不敢吃，想偷偷丟到旁邊，我就故意「喔」一聲，說是不是誤以為印度人都用手擦屁股，所以不敢吃他們做的咖哩？這時大家就會談起其實不是這樣，彼此就能解開文化誤會。

在這裡，我們也會一起打乒乓球，大家還一面打，一面談這跟我們研究事物發展的推力、拉力關係很像。

擔任拓弄思助理的那兩年，有很多面向影響我很大。除了學術研究外，拓弄思本人以及他和助理、同學的相處，都讓我學到世界觀，見識很多世面與人際關係，受益一生。

回想起來，我對創造力一見鍾情、一見如故，應該是因為我從小就會運用擴散性思考排解無聊，我也常出現英國學者戴勃諾（Edward De Bono）所說的「水平思考」，而非只是匯聚性思考那種垂直思考與邏輯直線推論。

小時候跟叔叔、姑姑一起玩，他們突然哭了，媽媽會懲罰我。我對此事一開始很覺不平，但後來會換個角色，思考到我是晚輩才會被打，之後就學會早早離開可能發生爭端的現場，以逃脫挨打命運，可以說很早就會水平思考。這種思考方式或許也是我幼時經驗刺激出來的吧？

我在明尼蘇達還有個好運是，我一九六四年初到學校時，原本是申請碩士。有天系主任威爾可說我可以直接提出念博士的計畫，系裡和研究院也在我提出後立刻通通過。我就跳過碩士而在一九六七年畢業，等於三年半尚未成熟就成為「早產博士」。

在明大第三年，系主任問我「你已經擔任過幾位教授的研究或教學助教，最後一年，你想做什麼？」「我不確定可以滿足你的要求，但至少知道你想要什麼，我也可以努力試試。」我跟他說想當系主任助教，親自體驗一個系如何經營管理。

那一段時間，明大也在遴選校長，我也合法地以他的助理了解他們遴選校長的做法。現在想起來，就覺得台灣的辦法及執行方式是多麼荒謬。

不過，在拿到博士前，我得先克服一個難關。當時要拿博士，得具備兩種外國語言能力，其中一個我選法文，由於我知道考試時只考閱讀、不考聽和說，就把法文規則都弄懂，雖然不會說，仍然拿了很高的分數，可惜後來和同學去看電影，居然不知道主角的對話就是法語。

但規定的另一個外國語文，我的指導教授說可以用研究技能來證明，托弄思也願意出具證明，但我告訴他，我既然以英文作為主要語言，為什麼不能以中文作為第二外語。可惜弱國無外交，我問了學校負責單位後，對方說校方所列的外國語中沒有中文，所以不能算。我的指導教授和拓弄思都認為我可以提出申請，他們也極力推薦。

我當時舉出三個理由：一、中文很多人講；二、我要回台灣教書，屆時是用母語教學；三、若越來越多人懂中文，國際交流、合作機會更多。核准之後，他們指派亞洲系上一位負責中文計畫的美國白人老師考我的程度。

當天，我一走進這位老師的辦公室，就立刻說「謝謝你」，然後越講越快。他叫我不要說那麼快，他會跟不上，然後說他反而想謝謝我，讓中文變得很重要，因為身為中文教授，他當然希望中文被重視。我就這樣順利通過第二道外國語言的門檻。

畢業時，我想先在美國工作兩年再回台灣，那時畢業生都會先把資料寄給就業輔導中心，各大學也會寄資料來，我想去紐約和舊金山的學校教書，也順利成為很多大學面試者之一，可享免費機票和住宿。當時我就有信心會得到工作，因為我英文雖然不好，但我會自嘲此事，大家會覺得我上課應該很有趣；二來，我的不同經驗會給別人幫助。後來我果然如願在紐約市立大學的皇后學院得到教職。

在拓弄思啟發下，創造力自此成為我一生的教學主軸。我從在美任教起，就開始教創造力；之後參與辣媽媽實驗劇社（La MaMa Experimental Theatre Club）的經驗，也繼續豐厚我對創造力的所思所想，開始開工作坊。

我一九七二年回到台灣前，也意外參加一個跟創造力相關的活動。當時我在東京停幾天，跟因為《餛飩湯》認識的寺山修司碰面，現場有他熟識的企業界、廣告公司，寺山修司介紹我時，說我研究、教學的領域是創造力，在場日本企業界就很感興趣。

有位企業老闆當時問我，他們公司因為較遠，女性員工趕來很辛苦，要如何讓她們來上班不用太趕，且發揮創造力、工作愉快呢？我問這些女員工是否有願望想滿足，她們說想學芭蕾舞，我馬上想到背後原因可能是很多日本女性都長蘿蔔腿。我就建議這老闆，可否讓員工彈性上班，並每週提供芭蕾課一小時，結果員工的上班士氣都大振，效果很好。

隨著相關思考與經驗不斷擴大，我將創造力廣泛應用到教育、企業、藝文等領域，自己也受用無窮。

像我後來教課，一定至少有堂課講創造力。例如在企管所上管理心理學，或是在心理系教普通心理學，在教育系講教育心理學，我都會講如何培養創造力。我也在政治大學科技管理與智慧財產研究所和教育系開創造力課程，有一半畢業的科智所博士班學生都上過我的「創造力理論研討」課程。

在碩士班的課堂上，我會先透過測驗，讓學生了解自己和他人的創造力；也會透過活動，提供提升創造力的方法。若是在ＥＭＢＡ的領導與團隊等課程、工作坊，我則常用腦力激盪、比喻等等來引導大家發揮創造力。

這些教學也在日後發酵。二〇〇四年，我的學生、時任中山大學教授陳以亨，發起「智慧鐵人創造力競賽」，之後台大劉格非教授也接手發揮，在二〇〇八年發起成立台灣智慧鐵人創意競賽專業協會，由我擔任理事長。

二〇〇九年，政大邀我擔任創造力講座主持人至今。這個講座是由當時政大校長吳思華嘗試用校友和社會人士小額捐助成立的，希望促進創造力的研究和推廣。

教學之外，我在台灣、海外演講時，若對象是政府機關、老師或校長，也常會講跟創造力相關的題目，例如「如何以創造力為主題來教學」，或是「教育官員都應知道的創造力基礎」等。我有時會安排兩人一組，談談有看過什麼印象深刻的創意？大家通常不說，我就可能舉例人類歷史上有哪些造成重大改變的創意。

像3M的工程師富萊（Art Fry），工作之餘在詩班教唱，習慣用小紙片夾在下次要教唱的那頁，小紙片常常掉落，促使他靈光一閃發明便利貼；藝術方面，我會舉雲門舞集藝術總監林懷民的《白蛇傳》，如何結合京劇概念和舞蹈，創造新的現代舞。我在香港、馬來西亞、大陸汕頭大學講這些題目時，都很受歡迎，可見大家對創造力的喜愛。

2002 年創造力培育與創新團隊到美國加州考察高級行為科學研究中心。後排左起：詹志禹、陳以亨、鍾蔚文、李昌雄、吳武典。前排左起：馬振基、吳思華、吳靜吉、黃美珠。

我也應邀到不少企業演講，像年代集團創辦人邱復生早年作廣告時，都邀我講過如何發展創造力。此外，我也帶很多創造力工作坊，還往往結合戲劇營。

在出版媒體方面，我透過《張老師月刊》、《時報雜誌》、《今周刊》、《親子天下》等雜誌專欄，談創造力的重要；另也透過書籍散播。二〇一七年剛集結《今周刊》專欄出版《創造力是性感的》，二〇一八下半年我希望能出版《創造力的激發》。

學術方面，我自己也發表一些論文，也指導二百位博碩士生，使用我新編創造力思考測驗作為論文工具的國內碩博士論文有一百多篇，引用次數超過四百篇。

創造力也曾是政府的施政主軸。依我二〇〇六年和李澄賢、林偉文兩位教授發表的研究，台灣創造力研究發展可分為四個階段。第一階段一九五六年至一九七九年，只有少數相關研究，第二階段一九八〇年至一九九六年，逐漸產生研究社群氛圍，第三階段一九九七年至二〇〇〇年是醞釀期，第四階段二〇〇一年至二〇〇六年則是蓬勃發展時期。

這其中，最關鍵的就是第四階段。二〇〇〇年，念心理學的曾志朗院士擔任教育部長，提倡創造力教育的范巽綠擔任政次，邀請清華大學馬振基教授等人，還有推動「創造力與創意設計教育師資培訓計畫」的教育部顧問室主任顏鴻森，由教育部顧問室推動「創造力教育白皮書」計畫。當時的顧問吳思華和前任顧問鍾蔚文共同推動白皮書的事前研究和撰寫工作，我負責的則是國際創造力教育發展趨勢的研究。

二〇〇二年初，教育部正式公布這份白皮書，宣布台灣走入以培養創造力為本的教育新紀元，希望能夠打造馬振基提出的創造力共和國（Republic of Creativity，簡稱 ROC）。

當時，吳思華主張在白皮書中必須明列行動計畫，從國小、國中、高中職到大專院校以及社會，都有創造力相關計畫，否則白皮書終會束之高閣。後來，也是念心理學的新任教育部長黃榮村持續支持此計畫，教育部於是展開了「創造力教育中程發展計畫」。教育部顧問室從顏鴻森、鍾蔚文、吳思華，到新加入的鄭英耀，以及楊泮池等顧問室主任和顧問們都熱情投入，有效行動。最後又希望能夠把創造力落實到地方教育局和校長、老師的手裡，延伸「地方創造力教育推動計畫」，交由中山大學陳以亨教授主持。這個計畫鼓勵各縣市提報如何提高創造力，例如由校長、老師組成團隊，聚集兩天一夜，提出報告，每一縣市再由專家學者談如何改進，讓全台各縣市都實施這計畫。

後來創造力教育計畫又延伸到「未來想像與創意人才培育」，吳思華和鍾蔚文共擔任創造力教育政策白皮書計畫的總計畫主持人，詹志禹則擔任「未來想像與創意人才培育」的總計畫主持人，積極參與這些計畫的教授包括清大馬振基、鍾文宏，中山鄭英耀、陳以亨、郭志文、張玉山，台師大吳武典、李明芬、陳學志，政大詹志禹、陳文玲、張寶芳、溫肇東、簡楚瑛，北教大林偉文、陳蕙芬，台大夏鑄九、劉格非，聯合大學徐義權，台北市立大學黃雲龍，故宮林國平等等，族繁不及備載。

那時，教育部為發展本土的創造力測驗，由我負責「新編創造思考測驗」，並修訂很多外國的測驗。

這計畫進行一年後，又在當時教育部政務次長范巽綠主導下，進行創造力教育推廣，之後希望各歸當時的國教、中教、技職、高教等各司處，負責將創造力教育成為正規的任務，但後來就慢慢變質。這個計畫可就這樣逐漸不成「人形」。說來我覺得很可惜，之前我們辦這些計畫時，有些甚至掌權的教授和官員覺得小孩子怎麼會有想像，哪來那麼多創造力？實在不可思議。

值得慶幸的是，這個計畫種子仍在全台開花，每次行走鄉下都會遇見當時參加的老師，他們之後也跟其他老師組成團隊，介入各種教育系統，至今仍在耕耘創造力，腳踏實地實踐隱藏版的「教育創新」夢想。

第六章　意外邂逅辣媽媽

二十八歲那年，我雖然畢業但還沒正式拿到博士文憑，就先在紐約市立大學皇后學院（CUNY Queens College）任教。我會優先申請紐約的學校，背後有個很重要的原因——紐約是美國甚至全球表演藝術的中心。當然，那時我還不知道我的心理學專業即將與表演藝術擦出火花，讓我得以結合這兩個熱愛的領域，一生優游其中。

我從小害羞，很羨慕上台不會害羞的人，因此愛上表演藝術；除了光看表演，我也很希望有機會靠創意和想像扮演成別人，克服害羞。我小時看了電影就覺得美國表演藝術非常發達，因此好不容易來到這裡，當然一定要利用各種機會親近表演，紐約自然是我的第一選擇。

我的決心非常強烈，也因為我覺得可能只在美國有這些機會。我出國前就決定一定要回台灣，我出國的目的就是要回台，所以我再怎麼喜歡表演藝術，也不可能留在美國；另一方面，我從小就對角色定位很敏感，覺得回台當教授後，若再沉迷表演，可能會被認為不務正業，因此我認為，自己只能在美國滿足對表演藝術和旅行的欲望。

初到明尼蘇達大學讀書，我就決定每個月一定要省出錢來看表演，我買了最貴的票，去看現代舞先驅瑪莎．葛蘭姆（Martha Graham）的《悲慟》（Lamentation）。我永遠不會忘記觀看時的震撼：她的舞如此有力，好像啪一聲打到我，給我很深的印象，我很驚訝舞蹈怎麼會有那麼大的力量，當下決定回台之前無論如何一定要去學舞，看身體如何發展。

這段期間，我除了省錢看表演，有次也應以前台灣學生的邀請，客串編舞、跳舞。這位學生是我在出國前，答應幫人頂古亭國中美術老師的缺、引導班上畫畫時認識的，她很喜歡跳舞，中學時移民到明尼蘇達，教會找她表演跳舞，她就找我編舞，最後我們師生倆一起跳筷子舞等，我還因此賺了不少額外的錢。

順利在紐約市立大學皇后學院任職，教學生教育心理學後，我有了固定收

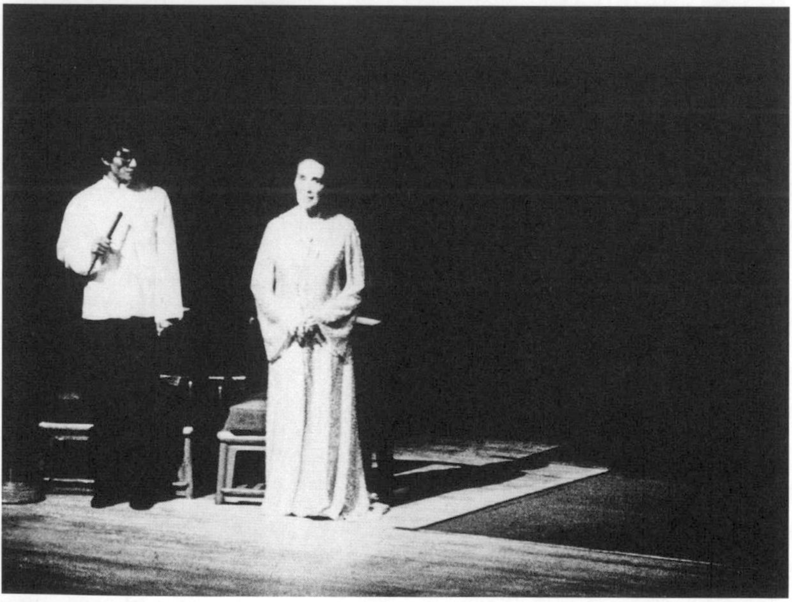

瑪莎・葛蘭姆應雲門之邀來台，林懷民在國父紀念館介紹她時，擔任即席翻譯。（郭英聲攝，雲門舞集提供）

入，更可以穩定接觸藝術。我去林肯中心看芭蕾巨星紐瑞耶夫（Rudolf Xämät ulı Nuriev）和他的搭檔瑪歌．芳登（Dame Margot Fonteyn）跳舞時，因為買的座位在很前排，可以清楚觀察到當時已不年輕的芳登腿上顯現的年紀，技術也沒法掌握到百分百。但讓我感動的是，她證明了一位好藝術家的氣質和藝術性，會讓觀眾忘掉比較外顯的東西。同時我也看歌劇。

在紐約市立大學皇后學院待了一年後，一九六八年，我轉到一所猶太人大學「耶西華大學」（Yeshiva University）繼續教授教育心理學。這所大學最有名的就是位於紐約上城的愛因斯坦醫學院，而教心系屬於人文社科院，緊臨格林威治村（Greenwich Village），充滿青年實驗作品的外百老匯（off Broadway）和外外百老匯就位在村裡和周圍。

那時我一定會固定讀紐約時報（New York Times）和源於格林威治村的另類文化報刊「村聲」（Village Voice），前者可看到比較多的正式藝文活動訊息，後者可看到大量外百老匯或外外百老匯活動。每逢週末，我就靠這兩份報紙去藝術聚集之地，想在這些空間遇到人。但我大部分時間還是跑去格林威治村。

就在這裡，我遇到得以實踐我對表演藝術熱愛、並改變我一生的機會。

某個星期六晚上，我在格林威治村閒晃，還沒決定要看什麼，很幸運地碰到從小學六年級到高中都跟我是同學的葉清。葉清姊姊小時候也曾向我要過百合花，我們一直滿熟的，他性格外放，高中時有次我們在班上練習跳高欄，把椅子排成一串，教官看到就說：「好狗不擋路」，葉清大膽回說：「好狗不亂叫」，教官就說：「哪班的？這麼沒教養。」

我遇到葉清的過程很戲劇化。當時他留了一頭及腰直髮，他剛演完劇，一群人在格林威治村閒逛，尋找演完分享的酒吧，他遠遠看到我，要抱我，我想他會否玩點小手段，馬上蹲到地上，讓他抱個空，他就大笑說：「我就知道你一定還是很保守。」但他的朋友們看我反應這麼快，以為我是演的，說我是個好演員。

葉清告訴我，他本來要做銷售員，因為不知如何賣東西，加上對戲劇有興趣，就去上戲劇課，結果被選中演出一部舞台劇中的獨白角色。辣媽媽的非裔創辦人艾倫．史都華（Ellen Stewart）恰好來看戲，很喜歡，就邀葉清加入辣媽媽，跟他說他要做什麼都可以，「我沒錢給你，但我可以給你所有的機會」，還提供所有製作費用，葉清很興奮。

由於葉清知道我也喜歡戲劇，當下就邀我加入辣媽媽。我說我現在在教書，可能只能從旁觀察，他馬上罵我膽小鬼，我就演出橫眉豎眼表情來回應。他的朋友看我們這樣一來一往、演來演去，都覺得很好玩，遊說我說：「你一定是個好演員，來加入我們。」我就跟他們去見了艾倫，艾倫也很歡迎我。

加入團隊後就得策畫做什麼戲，實驗劇場很強調要有當代觀點，像那時許多戲都在抗議越戰，我們就想要如何把熟悉的歷史故事轉換成當代版。葉清一直想重新詮釋被《水滸傳》、《金瓶梅》形塑為淫婦的潘金蓮一角，我覺得劇中一定要有情色場景，以及不同世代的看法，就想到延伸為《餛飩湯》。

《餛飩湯》劇中，有分別來自東方、西方的夫妻（Won-Ton夫妻）和他們的孩子，丈夫的名字叫Won、太太的名字叫Ton，生下來的孩子統稱為Soup。在當時的紐約，「餛飩湯」是大家到中國城常點的美食，但是我們的「餛飩湯」卻是指創意混合後的和平相處，代表不同世代的觀點。劇中反映出，不同種族的夫妻即使生了小孩，仍會有衝突；然而他們的混血孩子可以和平共存，這說明了世界一家。整體可說反映美國這個充滿多元種族與世代衝突的社會。

我在這齣劇中，擔任編舞和創作諮詢。像劇中女主角抱怨受到壓抑，我就用蚌殼精的開蚌舞表達這種處境；妓女角色則以扇子舞表現騷貨感。我也幫忙帶演員發想每一段如何演出，再給意見、一直到最後修正。此外也寫了好些獨白。

一九六九年一月，《餛飩湯》正式演出，大獲好評，《紐約時報》、《村聲》等報刊都大加讚揚，台灣作家施叔青、於梨華、戲劇家姚一葦、媒體人殷允芃等人都看到報導。還有製作人跟我們聯繫，說想把這戲推到百老匯。

我的英文名字是 Jing-Jyi Wu，而演出相關資料上的名字則為 Gin-Gee Woo，演出翌日我看到報紙竟把我真名寫出來，非常緊張，因為當時的台灣若有教授敢「不務正業」搞劇場，一定會被攻擊得很慘，所以我請記者不要寫我的名字，免得丟掉工作。我正想著是否這下要準備打包回台，走進辦公室時，沒想到許多學生、老師都來恭喜我！我這才知道，東西文化差異這麼大。我想那位採訪我的猶太裔記者，也是因為知道這對我有利無害，才寫出我名字。

跟我道賀的老師之中，有位和我在博士班合教實驗教育心理學的教授雅各

Now Mama Makes 'Wanton Soup'

LARRY BLYDEN GEORGE GRIZZARD
ANNE JACKSON JAMES WHITMORE
INQUEST

MAT. TODAY at 3 P.M.
"A PROFESSIONAL FAMILY MUSICAL, EXTREMELY ENJOYABLE PERFORMANCES BY SHIRLEY BOOTH AND AL FREEMAN, JR. WITH THE BEST PLAYED SCENES IN THE CURRENT BROADWAY THEATRE... SHIRLEY BOOTH IS A DELIGHT."
"AN HONESTLY TOUCHING AND LIKEABLE MUSICAL. SHIRLEY BOOTH GIVES A BEAUTIFUL PERFORMANCE."
"A WARM MUSICAL, DELIGHTFULLY PLAYED BY SHIRLEY BOOTH AND AL FREEMAN, JR."
Shirley Booth
Al Freeman, Jr.
Look to the Lilies

PURLIE IS VICTORIOUS
MATINEE TODAY at 3
MAIL ORDERS FILLED PROMPTLY
BROADWAY THEATRE

RENE DUBOS
JEROME KRETCHMER

The rites

紐約時報報導《餛飩湯》演出的盛況。

我有幸於畢業後申請到紐約教書，也才有機會接觸更多的藝術，圖為我於 1969 年在紐約中央公園所照。

（Paul Jacobs），一直說對我羨慕得不得了。他的智商很高，許多科目都是自學完成，也很喜歡表演，本來我們各教各的，他看我也愛說笑話，就找我用相聲方式教學，我們上課就都像說相聲一樣，很有趣。

他告訴我，他也送劇本去給辣媽媽，對方卻都不理，很羨慕我竟編了戲，說要請我喝咖啡。要知道，辣媽媽可是頂尖實驗劇團，今日巨星如劇場導演羅伯·威爾森（Robert Wilson）、極限主義音樂家菲利普·格拉斯（Philip Glass）、勞勃·狄尼洛（Robert De Niro）、山姆·夏普（Sam Shepard）都待過這裡！後來，雅各雖仍未進辣媽媽，多年後卻真的辭去「正職」，離了婚，專職在舊金山當喜劇演員表演脫口秀，他的第二任太太也是同行。

一齣《餛飩湯》，就這樣在紐約前衛表演藝術圈沸騰了一陣子。整體說來，它引起三個效應。

首先是，由於這齣戲太成功，許多在百老匯受挫、只能演刻板印象中單眼皮的亞裔美國人來找我們，葉清是創作型人物，把這些事都推給我，我就問辣媽媽可否帶進這群亞裔演員辦工作坊，辣媽媽於是支持我們成立了亞美劇場（Asian

American Repertory Theater），成員包括韓國人、柬埔寨人等，艾倫暱稱為 La Mama Chinatown（辣媽媽中國城）。

艾倫還幫我們向一個基金會申請到費用，讓我們十個團員一人一週能有五十元美金，我因為已在大學教書，就捐出錢當行政費，後來我們一起做了好幾齣戲。

像我們演《百鶴與牡丹》（Cranes and Peonies），敘述清末西方傳教士赴京在宮中會見慈禧太后的故事，透過傳教士來華不知如何用筷子、華人也不會用刀叉等情節，來講東西文化交流與衝突。我除了是共同編劇，還跳舞演出我加的一個戲分。當時，我從外面背對觀眾跳著筷子舞進來，然後面向台下說「dinner is ready」（晚餐準備好了），讓全場爆笑如雷，「笑」果很好。

說來，我本來都隱身幕後，那次會登台演出，實在是因為當時團內認真的亞洲演員沒法演得比較好笑，而且演出都很嚴肅。例如有個女演員分配到粗話台詞，卻說不出口，直到我請她演「完全跟妳相反的人」，她才劈哩啪啦罵出來，再也沒問題。

我們也演《雙五花洞》（Double Five Flower Grottes），評語不錯。這齣劇也跟潘金蓮有關，對外國人來說非常有趣，那時還有位華人京劇演員教我們。

我們這些劇團成員除了演戲，還很積極參加各種亞裔運動，讓亞美民權運動越來越熾，這是《餛飩湯》的第二個效應。

那時美國民權運動正盛，並從原本以非裔人士為主，延伸為亞洲人也組織起來，大學紛紛開設亞裔美國研究系所研究中心。紐約市立學院成立亞洲研究系時，該校的學生還找我去上課，我教他們用心理學方法研究他們感興趣的亞洲議題，也引導他們從實際訪談中了解亞洲文化與美國的差別。

當時，有位加州大學教授揚森（Arthur Jensen）發表了篇論文，討論黑白種族的智商差異，引起學術教育政治和媒體的大論辯。我任教的耶西華大學也舉辦黑白種族智商的座談會，我就以「黑白問題：黃種人的看法」為題參與討論。

我們這些團員，還常跟大學亞裔協會舉辦亞裔運動，在紐約市立學院（City College of New York）的禮堂等演出節目，提醒亞洲人不要忘宗滅祖，也爭取亞裔權益。

像有一次，有位華人被誣陷為性侵隔壁女生的代罪羔羊，一位白人律師覺得涉案者不可能是他，決定組成律師團幫忙打官司，但需要錢，我們就舉辦演出募款。

我們雖舉辦了許多亞裔運動，卻因為受美國文化影響太深，活動內容常有太多美國文化影子，例如有次在紐約市立學院的禮堂演出，大家都是唱百老匯的歌。我覺得這樣不行，加上看到很多從各地來美國的華人不會講中文，不知文化底蘊，有如被文化閹割，就做了齣獨白劇，叫做《頭號香蕉的懺悔》（The Confession of A No. One Banana），用來為亞裔運動募款。這些募款活動，也讓我開始與企業有些接觸。

這齣戲顧名思義，是用了在美亞裔人士常被諷刺的「香蕉」稱號，自省亞裔「外黃內白」的處境。我用帶著一聽就是土音的破英文，詳細敘述清朝末年太監李蓮英被閹割的過程，很多男生事後告訴我，看戲時會忍不住把腿慢慢縮緊，可見這齣戲用恐懼述說恐懼，是會造成力量的。

我獨白到最後，就話鋒一轉，講到華人常年在白人至上的美國，內裡屬於黃種人的東方文化根源、底蘊最後都不見，就像李蓮英那樣被閹割，「你們都是被文化閹割的黃種人」。演罷，掌聲如雷。

這一段戲雖然只有短短二十分鐘，也只有我一個人簡單穿古裝表演，卻非常轟動。還有人錄音下來，因此不少沒在現場看表演的觀眾也都可以聽到。

不過，令人感慨的是，雖說我們成立亞美劇場，是要為亞裔爭權，但在美國亞裔面臨競爭資源，比如一個職位很多人應徵，不但不互助，還會向白人告狀。有次我在演戲時，就對著台下喊：「亞裔不互相幫助，還要扯後腿，若不是靠個黑女人，我們根本不可能在這裡！」這個黑女人，指的當然是坐在台下的艾倫。

《餛飩湯》除了以表演藝術介入亞美民權運動，更引導許多亞裔人士進一步投入實際的社區、社福活動，這是第三個效應。

當時紐約市立學院等校的華人學生，在這些表演活動影響下，開始在中國城週日找華人醫師為老人看病，並加入社福服務，最後就想成立華人青少年發展中心。我因為是紐約當時少數具有教育心理學背景的華人，他們就找我參與申請這個中心。

我找來認識的神父一起向紐約市 Urban Coalition 申請到一筆錢，租用一間廢棄工廠成立青年發展計畫，讓青年可以在此學習彈吉他、補習數學、建立團隊凝聚力等。我邀請將來會使用此地的年輕人自訂一些規則，他們訂下了不得在此打架、性愛、賭博、喝酒等規則，我也催化他們討論，如果他們不能遵守自訂規格，恐怕沒辦法一直保留此地了。這些青年做得很好，值得大人信任。

不過，我離開紐約時，將這中心交給一些年輕人，由於他們不見得一直待在那裡扮演引導角色，這地方隨著預算用完，也就沒了。說來很可惜。

對我個人未來，《餛飩湯》也產生很多影響。

首先是，我因為有教育心理學和創造力的背景，再加上辣媽媽的品牌效應，從幼稚園到中學、大學等一些教育單位都會找我結合起教育文化、戲劇舞蹈與創造力，開起工作坊。

這些工作坊興起，是因為恰好呼應大時代的需求。一九七〇年代的美國，人本主義的心理學抬頭，社會各領域普遍關注生命經驗、自我成長、自我實現等議題，也鼓吹自我與文化的反省，例如開始反省為何男性之間很難講心裡話。大家都覺得看心理師、精神醫師、臨床心理學家很自然，目的是讓自己更了解自己，找到發展的潛力。

在這種社會風潮下，出現很多與心理學相關的活動，例如敏感度訓練（Sensitivity Training）、訓練團體（training groups）、會心團體（encounter groups）等，連電視上都有很多相關訪問、示範，這些都構成工作坊的內容。

這些活動我並非都接觸過，但符合我興趣，所以會自己買書看；加上我當拓弄思助理時學來的技巧，以及向其他學者如人本心理學大師馬斯洛（Abraham Maslow）的著作學習，都成為我用來訓練工作坊學員的方式，包括向後倒、由後邊夥伴接住的信任感培養訓練等。

我辦這些工作坊也產生邀約效果，各式各樣團體都來找我，辣媽媽團員也來學。我發現，紐約大部分戲劇工作者對這樣的心理成長都很喜歡嘗試，覺得能幫助自己並發揮創意，將生命故事自然轉化成戲劇演出，猶太人的表演流轉尤其自然。這是因為，猶太人本來就很肯定心理專業。

如此經驗，也是我後來在台灣教蘭陵劇坊的第一步。過去的體會告訴我，人人都有創造力，都能從自我故事的腳本中，分享出生命故事的片斷，變成創作素材。

說來，其實我從未上過戲劇課，連住辣媽媽也沒上過。我想我在實驗劇場圈會那麼「突出」，是因為我是其中唯一的心理學背景出身者，加上我在辣媽媽的經驗，以及自嘲助長的笑話，使得大家都會善待我，不論在哪個劇場玩，其他演員都會配合我演戲。此外，我的童年經驗對美國人來說也很特殊，辣媽媽編劇就最愛纏著我講童年故事，好找題材靈感。

到後來，葉清對我大喊不公平，說每次遇到認識的朋友，大家都是先問 Dr. Wu 好不好？

另外，因為報紙對《餛飩湯》的報導，我突然被不少華人認識，來自鄉下的藝術土包子就有了機會見到很多藝術家。有天，一些台灣留美人士看了《餛飩湯》報導之後，一起聚會討論，其中包括於梨華。後來於梨華寫信給我，說有位很年輕有為的台灣作家對舞蹈很有興趣，要來紐約葛蘭姆舞團學舞，希望我照顧他。那位作家就是以《蟬》等小說在台聞名的林懷民。

不過，林懷民因為很有才華和名氣，很多人早就知道他，熱心幫助他。我還來不及見到他，有天於梨華和林懷民約看戲，邀我一起吃飯，我跟林懷民就此認識。因他的關係，作家楊牧、施叔青、姚一葦等也來過我格林威村的家。

另外還有更多團體找我參與表演。春節期間，我政大同學喬龍慶邀我為紐約一所學生有九成六是華裔的小學 PS 23 編導歌舞劇《黃河流水處處肥》（Wherever Yellow River flows, Fertility follows），描述華人一路從黃河上游走到長江、渡海赴美，沿途透過表演尋根，呈現一種行旅見聞錄。

我想讓所有同學參加，就安排男學生表演武術，但這也得有舞蹈基礎，我就找來剛好來紐約學舞的林懷民教舞，我戴斗笠、穿馬褂、拿著中國城買的木劍秀武術，有模有樣，然後讓小朋友試演，告訴他們要演得好必須先學好現代舞。在林懷民正式專業認真教舞之前，我先對學生做了一些示範精神講話。

由於我這些經歷，念藝術類科系的學生需要模特兒，也會來找我幫忙。我那時身材不錯，曾在一位香港學生的電影短片中裸體（我們用技巧避免真裸，我很保守）現身，雖然那片並未公開播映，香港導演榮念曾竟說他看過錄影帶。啊！時不我與。

有位台灣女學生 Belinda 在 FIT（Fashion Institute of Technology）讀書，某堂課的作業需要找裸體模特兒拍照，但又沒錢，也來拜託我。我唯一要求就是不能拍正面全身，其他都可以，她同意，最後順利通過考試。其實那些照片拍得很不錯，我在美時還掛幾張在室內，不過回台前，全和很多東西一起燒掉了。這是因為，我認為我既然最後是要教書，這些不在「專業」範圍內的東西就得儘量避免，免得變成包袱，給自己找麻煩。

至於那位製作人說要把《餛飩湯》推向百老匯的計畫，後來沒成行。我們後來發現這製作人竟沒告知我們，就先跟日本搖滾音樂劇劇團 Tokyo Kids Brothers 說要合作。

Tokyo Kids Brothers 的創辦人叫東由多加，他是日本名劇作家／導演寺山修司成立的演劇實驗室「天井棧敷」創始團員之一，那時也來紐約演出。有人偷偷告訴我們，這製作人很「自利」，找一位分屬兩家公司的律師，分別代表兩公司跟我們和 Tokyo Kids Brothers 個別談。辣媽媽認為有問題再講，建議我們演；但我們擔心出問題，最後還是拒絕，Tokyo Kids Brothers 也不願意，最後這事就不了了之。

一齣《餛飩湯》引發這麼多事，算是我人生中很重要的「藝術高峰」之一，對葉清也是。在闖出名後，辣媽媽的藝術指導邀他去長島 Nassau 社區學院教舞台聲音與動作，還排了很多戲。我們都受惠《餛飩湯》甚多。

在演出《餛飩湯》的前一年，我還去瑪莎．葛蘭姆現代舞學校學跳舞。說來我的舞蹈學習自成系統：從幼時在海邊自行跳舞起，中學時期我都只要有機會就學、就跳，頗能娛樂自身。大學也去李天民舞蹈社學舞並演出。我因為有這樣的舞蹈經驗和熱情，才敢去葛蘭姆學校學舞。

那時葛蘭姆已經七十歲，像女王一樣，就算拄著拐杖走路，還是很有威嚴。她是非常原我、本我的人，有次罵位女學生動作不正確時，叫她去街上找個男生幹，腳才會正確張開；結果下次上課時，那女生說她真的找了個男生幹。其實葛蘭姆不是真的要那女生這麼作，這女生的問題在於沒掌握到雙腿如何張開的重點。

相對於罵女生，葛蘭姆更喜歡罵男生，不過她沒罵過我。這一來是因為我當時已拿到博士學位在教書，二來是她特別喜歡東方人。有次她有個助教在一一檢查大家動作時，看到我是扁平足、沒足弓，哈哈大笑，讚美我雖然沒足弓，動作卻能做得這麼有模有樣，還叫學生們都來看。

我除了學舞，也去學聲樂。有段時間，我住在曼哈頓茱莉亞音樂院附近，這裡住了很多音樂家，我就跟一位女聲樂老師上課。不過，我主要是要學怎麼發聲，我想我將來要演講、上課，如何掌控、投射聲音，非常重要。

我的紐約生活看來多姿多彩，充滿戲劇、舞蹈和音樂，但我一直很清楚，我從未受任何學院式的正規藝術訓練，我不是戲劇也不是音樂的種子，即使在辣媽劇團，也只是參與而已，所有創作都只能算是客串型的創作，有如客串人生。

我深知，戲劇非我本行，也不把自己當做藝術家，我只是社會的遊民，因緣際會的擺渡人，重點是發揮創造力而已。我很了解戲劇不是我的生命，只是我愉快的來源、是很多興趣中比較緊密的興趣，並非從小就非做不可。

像我初三時雖曾想考藝專，但這也只是我探索的各種可能性之一；我初中畢業後覺得電影很有趣，也是沒那麼大熱情，才連克服的熱情都沒，根本沒去考。音樂也是這樣。

追溯起來，我會對藝術、戲劇產生那麼大興趣，除了藝術美感外，最關鍵的原因其實跟心理學一樣，就是它們本質上都在了解自我，了解自我跟他人、社會、自然如何相處，只是方法和表現形式不同，感性比例不同。

戲劇是從藝術取向了解，表現上會以個案呈現，血肉豐沛，引導人進入角色世界；心理學則是用科學方法，強調要有實證資料，還要透過科學方法驗證，並用論文格式寫出研究報告。

然而在我小時，機會那麼少，我又非常好奇，很想了解自我和其他外在的關係，在懵懵懂懂不斷自我追尋定位的過程中，當然會碰到什麼機會就去嘗試。只是我先碰到戲劇，再碰到心理學，要到很後來才發現，我其實一直是在兩者同一的本質裡問問題。

在個性上，我確實比較適合心理學。我十四歲小學畢業時，一回在颱風過後放牛，路上的坑洞因為颱風變得很大，我不小心掉下洞，牛奔來救我，我也想辦法抓住牛尾巴。那時我不會游泳，差點淹死，我有同學剛好追趕奔牛經過，把我救起來，但他叫我不要講，免得他會被大人罵，水鬼氣他讓我逃掉，也會來抓走他。

回想起來，當時我不會像大部分人那樣立刻拚命喊救命，而是會冷靜想該怎麼辦，並因此設法爬上牛背。這是我的特色：我會進入別人的角色，用他人的角度看自己，不會一遇狀況就抱怨或批評。也因此，我比較適合從心理學出發來分析經驗，因為我會一開始就從心理學角度看問題，只有在戲劇世界裡會進入個人狀況，會很容易掉眼淚。

這就是我和戲劇與心理學的關係。在心理學界，我必須比較規矩；在戲劇裡面，我可以比較瘋狂。當我開始用不同領域特點補強另一方，把戲劇方法用在心理學，也把教學研究放到戲劇後，我更可在兩者間自由進出，終於變得兩邊都有趣，無限寬廣。

說到底，我最大的熱情還是教育，希望人人都能快樂學習，發展自己的興趣。我深感，一個人不論如何追求快樂，一定會碰到阻礙，人為和天然的災害一定都存在；如何超越阻礙，尋找快樂生活、和平相處，是我最大關懷。

我在紐約教書，從一九六七年教到一九七二年，其中有四年都待在辣媽媽，還學到舞蹈。那麼愉悅拚命，很大原因就是回台當教授後，我想就沒機會學這些我夢想很久的東西。沒想到回台後的因緣際會，趕上各種藝術正好漸漸開放的機會，我又變得可以繼續做喜歡的事情，實在很幸運。

返台後，我每年都會去紐約一次，當然主要是回辣媽媽。在紐約時，我跟他們實在很好，尤其是艾倫，有雜誌文章邀約，她也找我寫；後來成為貧窮劇場大師的葛羅托斯基（Jerzy Grotowski）來美時，限制只能找二十人在辣媽媽見面，她推薦我；波普藝術領袖安迪・沃荷（Andy Warhol）電影首演時，很多名人會來，她也找我去。這麼多特權，她都給了我。

一九九八年第一屆台北藝術節時，我擔任藝術節主席，因為在紐約看過辣媽媽的《特洛伊女人》，非常感動，就特別推薦他們來演這齣戲，終於在台北和她重逢，其中不少演員也都演過我們「辣媽媽中國城」的戲。

當時《特洛伊女人》因為有上空全裸演出，在台掀起不小波濤，被視為極前衛之作；能過先前審核關卡，只因他們送審的影片沒有上空這段，而我也因戲好，上空合理，根本忘了有這段。外界不知的是，艾倫拿當時相對較少的費用，比國內一些團隊還少。那之後，艾倫說一定要把我和葉清寫上辣媽媽的歷史，好代表我們的重要性。她說，我們對辣媽媽最大貢獻就是加入不同文化，增添劇團色彩。至今，辣媽媽官網都仍有我和葉清的名字。

二〇〇六年，廖咸浩當台北市文化局局長時，我應他之邀，再度請辣媽媽來台北藝術節演出。那時艾倫已經八十七歲了，辣媽媽也成立四十週年，他們在台大綜合體育館演出《酒神》，還特別改了一段獻給我。讓我很傷感的是，艾倫這時健康情況更不佳。第一次來台時她已裝了心臟支架，這次來台她已坐輪椅，有天還突然生病緊急送到台大急診室，不久又自己跑出來，嚇壞大家。那是我們最後一次在台北見面。二〇一一年一月，她辭世。

我的美國生涯，有很多幸運的因緣。但我深深知道，我最大的幸運之一，就是碰上這位熱情慷慨又活力十足的辣媽媽。

1998 年第一屆台北藝術節時，與美國辣媽媽實驗劇團的創辦人暨藝術總監艾倫．史都華合影。（中時影像網提供）

第七章　恐慌的三十七歲

一九八〇年，我出版《青年的四個大夢》，希望給予台灣青年自我追尋的引導與建議。這書立即變成暢銷書，至今已修訂到五版，銷售數十萬冊；書名用現在的話來說也變成「關鍵字」，到現在對很多世代還是耳熟能詳。我能寫出這看來非常正面的《青年的四個大夢》，都得歸功我那「恐慌的三十七歲」。

害羞減少愛的機會，害羞增加寂寞的機會，藉由《害羞．寂寞．愛》這本書我分享克服害羞的方法，使我們愛在心裡口「敢」開。

這故事得從我自美返台說起。我去美國前，本來以為兩年就會回來，沒想到我不但從念碩士變成念博士，還教了書，那時又是紐約文化復興時代，我越待越喜歡，一待待了五年，直到一九七一年台灣退出聯合國，才準備回台。

那時我想，台灣命運乖舛，美國又這麼吸引人，我如果現在不回去，可能就不會回去了。恰好當時台灣的大學教授大換血，很多教授都退休，我在政大教育系時的系主任胡秉正說學校要成立心理系，找我回台教書，我就答應從一九七二年起擔任政大客座教授，在教育系、心理系開授心理學相關課程。

由於我出國前就決定一定要回台，在美國，我一直有兩件事情不做。第一是不置產，這也表示我非常缺乏理財觀念，怪不得只會「窮開心」；第二是當時念博士的學生若把名字給駐外單位，可以免費收到《中央日報》，但我擔心這樣會被列在政府名單上，可能會誤踩什麼地雷而失去「自由」。我寧可放棄拿《中央日報》，也不想留下莫須有的紀錄，造成不能回台。

我會這麼小心，跟我的童年經驗有關。

我一九四六年進壯圍鄉公館國小，當時正好台灣光復，但不久後就發生白色恐怖。二〇一七年宜蘭壯圍鄉公館國小慶祝一百年時，我曾為文談自己在公館國小期間，影響我最大的，就是一、二年級時一些來自大陸的老師。他們才二十多歲，有的會畫畫、有的會音樂，都很有才氣。

這些大陸來的老師，會教我們唱歌，如《松花江上》、《義勇軍進行曲》等。我後來認為，真正的教育不是課堂上老師教什麼，而是課外進行唱歌等活動，就是這時種下的想法。

然而，有次我在人力車上唱起這些歌，忽然被老師制止不能唱。我本來不知道為什麼，後來才明白那些歌因為來自大陸，都被國民政府列為禁歌。又過一陣子，這些大陸來的音樂、美術老師等，突然全都不見了。

那時，有人說這些老師是匪諜，但我想也可能是白色恐怖時期警察錯抓人。雖然至今我仍不清楚他們真正的身分與去向，但我始終感謝這些老師以長輩的角色開拓了我的視野，讓我知道非正式教育走出圍牆的重要。

一九四七年，台灣發生二二八事件。當時我們家族已搬到壯圍廍後村，家族人很多，都住在同一塊地，一個房子有七個房間，房子看起來滿大的。身穿軍服的人可能以為我們很有錢，就來要錢，他們都穿白底鞋，我們叫他們「白腳底」，至於這些人是否政府派來，或是假藉政府來收刮，我不知道。

我那時是小孩子，很喜歡爬到樹上，一面注意周遭風吹草動，若發現白腳底來了，就趕快通知祖母，祖母立即命令大家躲起來，由她獨自應對這些語言不通的陌生人。

我四叔當時在公館米廠坐鎮，有一次，這些軍人把他抓起來，說他是逃兵，我馬上騎腳踏車去找我爸爸的朋友、派出所的警察吳重光。他以前在海南島當警察，曾以自己在大陸的經驗，告訴我們晚上邊提油燈邊走路時，燈不要直接放在身前，要拿得遠一點，才不會被亂槍射中。在那時，不論是土匪、軍人，都可能用槍射人。

吳重光知道此事後，馬上帶警察來，向軍人證明我四叔不是逃兵。為了證實，他還叫村裡的小孩子來認四叔是不是村裡的人，因為小孩最不會撒謊。

這些軍人其實要的是錢，四叔也知道。但吳重光很有智慧，一面假裝忙著籌錢救四叔，一面說四叔可能只是長得很像某位逃兵，讓對方順勢圓謊。但當對方不買帳時，他馬上叫警察也扣住對方的人，要求以一換一。正規辦法都行不通時，只能照江湖道上規矩。

後來我四叔終於脫困，但四叔只是我家險些受害的人之一。有一次，我爸也被抓去關，因為他不肯賄賂軍人，我親眼看到祖母一個晚上整頭頭髮變白，臉上長白斑，還好我爸很快就出來了。

在那時期，真的很多人被抓，而且往往都是有影響力的知識分子被抓。雖然如此，我們村民並未跟軍人敵對，有些軍官沒地方住，就住我們家客廳，我愛吃辣椒，也是跟他們學的，祖母還幫一些十幾歲捱長官鞭打的阿兵哥求情並療傷，整個連的阿兵哥就駐在我家旁邊的野牛柏樹林園。

這些事件，都造成許多台灣人不適應後來的國民黨政權。日本統治時期，大家都很清楚自己是被日本殖民，日本人與台灣人之間統治者／被統治者的關係就是上對下；但國民政府不同，國民政府說我們愛你、你們是我的人民，聽來是平等一體，實際上卻不是這樣，才會引起那麼大的反彈。

當時台灣人民的不滿，也可從大家改編「國歌」歌詞看出來。原本用國語唱的歌詞「三民主義，吾黨所宗，以建民國，以進大同」，變成用閩南語唱「陳儀狗官、接收藝旦、吃錢頭一名、為國無打拚」，表達對部分國民黨高官來台掠奪資源、不顧民生的憤慨。我是從一位從基隆來家裡玩的遠親叔叔那裡學到這首歌。

到了中學時，政治仍以另一種形式影響我家。我爸爸在我很小的時候，就一直當村長，負責協調村裡糾紛，做得很好。當時村長做久了，一般就會成為鄉民代表，再來就變成縣議員。我爸成為鄉代後，很多鄉民代表因為我爸當村長資歷深，個性又溫和，就希望他出來選鄉民代表會主席。

然而那時國民黨已全面執政，有自己提名的人，會要求黨員投黨高層屬意的人選。我爸爸不是國民黨員，其他鄉代因為想投票給他，就說好在投票日那天大家先集體消失，等要投票時再一起進場，免得在投票前被干擾。

沒想到，鄉代們集體到達會場時，選務人員馬上把燈關掉，宣稱是燈壞了，投票必須暫停。等到重新開燈，他們已集合所有國民黨員，要求他們投指定人選，還要做記號，最後我爸就沒當選。我們知道此事是因為不搞政治的大姑把唯一的婦女代表禮讓給另一位女士，她後來哭著來向我爸道歉。

我爸沒當選，他並不在意，但害怕政治的我媽很生氣。我只是去碗櫥拿東西，媽媽卻突然打我的頭，還說：「你要是去選舉，我就死給你看！」

這些經驗，都讓沒有野心、害羞的我很早就決定遠離政治。赴美後，我雖有參加保釣運動，但一直很小心，看到有攝影機就立刻躲到後面，也從不受訪，讓喜愛上鏡頭的人出風頭。畢竟我出國就是為了要回台，我的目標是要回台當教育工作者，不是要搞政治；我關心政治，但我不作官，我自知沒有能力處理政治的複雜，別人說我膽小也沒關係，不論誰找我選舉，我都拒絕。

我在美曾寫《武則天》劇本初稿，也在回台經過香港海關時燒掉，因為我擔心該劇對她識才惜才、大膽選不同男「妃」的性格加以肯定，在有些人眼裡看來可能太具批判性。

我這麼小心，都是因為想要毫無包袱、輕輕鬆鬆地回台灣，好好實現教育的願望。然而當時還是有件驚險的事：幫我整理回台行李的一些ABC（華裔美國人），都曾看過我們的戲，也參加過亞離民權運動，因為覺得好玩，竟把一本毛語錄夾在我的資料中。他們不是要害我，只是對政治的恐怖沒感覺。我看到了就趕緊把書燒掉。

這件事也更強化我要「暫時斷絕」跟美國朋友往來的決定，全心投入台灣。台灣當時處於戒嚴年代，但美國很自由，美國朋友覺得沒關係的玩笑，都可能出問題，就像這些ＡＢＣ夾帶毛語錄一樣。我決定，不要再跟美國的朋友「藕斷絲連」，以免遇到挫折，就只能逃避。

一九七六年時，我正式到美國大使館宣示放棄綠卡，把當時值班的簽證官嚇得「多」找幾個同事作證，並且重複問我：「你真的自願放棄嗎？」我們後來成為好朋友。

我回鄉後，家人為歡迎我做的第一件事，就是辦殺豬公的謝神儀式，感謝祖宗保佑我平安歸來。申學庸等老師、朋友和學生，都到宜蘭壯圍廍後村我的老家來跟我聚會。

三十三歲那年，我開始在政大任教。說來很巧，我回來的那年，在美國認識的林懷民、殷允芃、施叔青也都回台，並且都在政大任教。我另在加州Asilomar會議中心一個教育會議中認識當時的政大西語系主任余光中。那時，施叔青是余光中請回來在西語系教，林懷民同時教新聞系和西語系，殷允芃教新聞系。我教心理學時，因為結合西方戲劇訓練常用的會心團體活動，余光中就找我在西語系教文藝心理學，後來成了大作家的李昂也來旁聽。很有趣的是，我教到創造力時，會要學生先放鬆再來體會，因此教室很安靜；有一回比較晚到的李昂卻很大聲地走進來，反差笑果十足。這也可見她外放的性格。

剛到政大心理系教書時，學生還不知如何對待我，他們想建立一種跟權威平等對待的方式，但我覺得在台灣師生間仍要有符合角色的分寸。因此他們若叫一些綽號，我都不應聲，後來他們就叫我吳老師。不過我仍在想有沒有更適合的稱呼，只是我覺得這該讓他們自己去發現比較有趣。

有次我刻意設計了個說故事的考題，故事的主角名字叫「吳巴」，有位學生就說：「我知道了，你是要我們叫你吳爸！」後來他們就叫我吳爸、吳巴或是「吳巴巴」。

我在教課時，會沿用在明尼蘇達大學擔任兼任講師時進行「電視教學」的技巧，再加上拓弄思的學說與方法，以及劇場訓練，會心團體技巧，讓上課變得比較有互動、有趣，還會帶學生去坪林遠足。這樣教到後來，雖然這課不是必修，但是很多學生都跑來選修。

我也會根據學生的反應調整教學方式。在教育研究所教心理學研究時，我發現若不用英文教材，學生會覺得不夠紮實，但他們讀英文又很辛苦。我就要求他們把全書十五章拆開來，每人負責閱讀一章，並用心智圖（mind map）整理、設計題目，把自己學到的教給其他同學。如果有人不認同主講同學的說法，就要自己讀英文。每個人的分數則是自己和其他同學的分數平均。

這種方法我在某些課裡用了兩、三年，原理和我在美國受的戲劇訓練一樣，都是互相學習他人所學，再自己重組，實踐「教學相長」的理念。聽有些同學說，剛開始分享教與學時都會先抱怨，甚至罵我，久而久之，大多數人卻在抱怨中成長，在互學中建構知識。

我在教育系、教育研究所，還分別教必修的教育心理學及教育研究方法。有次我教教育心理學時，談到語言學家皮亞傑說兒童發展過程中學習語言，一開始會是獨白，好幾個嬰兒在一起就變成集體獨白；再據此延伸談台灣人開會時也常在集體獨白，因為都沒聽別人講話，乃至談到戲劇領域尤其是心理劇，也會用獨白手法。

這時有學生會問，到底什麼是獨白？我就現場獨白起來，講小時候的故事，還講到流眼淚，結果學生都嚇到。我這才驚覺，在台灣，老師若流下眼淚是不得了的事，權威人士在學生面前絕對不能掉眼淚，而且對方也會不知道怎麼辦。我馬上把眼淚收回來，從那以後，就很少在學生面前講自己的事。

我現在的學生廣及企管領域，乃至各企業老闆，也是源於這段時期。有一回在校園遇到當時的企管所所長許士軍，他一開口就很熱情地邀我在企管所開碩士班必選課「人類行為學」。

由於人類行為學包括心理學和社會學等領域，我也沒學過，我就跟許士軍建議從心理系推派一位教授來教。但EQ極高的許士軍立刻說：「靜吉兄，我是因為你而知道心理系，不是從心理系知道你。」既然他那麼堅決，加上我確實覺得大學系所間應該相互合作，讓企管系能了解心理學，心理系也可有企管養成，最後就接了。

我跟商學院從此養成密切關係，而且這堂課，我一教就是三十年。我真的認為是該讓年輕人教的時候了，才換手。有趣的是，這堂課一開始雖叫做「人類行為學」，但因我只能從心理學角度講課，內容其實是管理心理學，後來該課名就改成「管理心理學」。

在教課外，我也指導學生論文，到現在為止已經超過一百五十位。學生畢業時要將論文送到政大社資中心保存，我當時的一位教育所學生、現在是政大教育學院的葉玉珠教授，在遞上她的碩士論文時，負責收件的先生翻了翻，驚訝地說：「怎麼又是吳靜吉？那麼忙，有時間指導這麼多學生嗎？」她生氣的回他說：「吳老師指導論文非常負責，而且常常召集他的學生一起討論分享，進行指導。」中山大學校長鄭英耀接受李中訪談時，也特別提到同學們都在打瞌睡了，吳老師還是精神奕奕。現在想起來覺得自己當時還真殘忍！

除此之外，回國後演講也越來越多。那時台灣風氣慢慢自由，社會在追尋自我的風氣中，很需要有心理學背景的人幫助大家找到自己；另一方面，台灣中小企業紛紛成立，政府很鼓勵企業舉辦員工訓練，都讓心理學演講大受歡迎。再加上美國博士當時在台灣是稀有動物，大學生又喜歡聽國外經驗，都讓我成了演講熱門人選，邀請單位廣從學校、文教機構到企業，演講主題則廣含心理學、創造力與戲劇。

一九七三年，當時任職美國新聞處的殷允芃安排林懷民演講「什麼是現代舞」，造成大轟動，之後又找我演講「什麼是現代劇場？」，從高雄、台南、台中到台北共四場，沒那麼轟動，但觀眾不少。我在演講中安排一齣帶有即興成分的短劇《鮎鮘的三分之一人生》，劇中有人跌倒，大家要去幫忙，觀眾也得幫，首創當年台灣沒有的戲劇互動；李昂也在劇中演一位記者，還是坐在轎子上被抬出來。

但我最多的邀約還是跟心理學相關的演講。每次我接受各地演講，都會順道了解當地狀況，包括民眾、學生、企業界特色和風土人情，有如免費遊台灣。我會提早一天去住個小旅館，不給承辦人電話，免得對方來接待，變成我看的都是他介紹的；我比較喜歡自己探索。

有次演講回來，忽然想到自己不熟悉東台灣，就找一天坐火車到台東下車，再搭海岸巴士一站站地看。坐到都蘭附近，我看到海很漂亮，就跟司機說要下車，司機卻看著我，說：「年輕人，人生機會很多。」不願讓我下車。

我這才想到，我頭髮被風吹得蓬亂、穿著看起來髒兮兮的牛仔褲、身上背個隨便的包包，他不會是以為我要尋短吧？我趕快跟他解釋說我從美國回來，頭髮比較長。這件事也讓我更深刻體會到，穿著和外表，在特定時空，會讓別人形成某種印象。

這些漫遊的時光，以及我在演講前會先去學生聚集處觀察重點、加入演講的習慣，卻隨著我教課越來越多、行政工作越來越忙、演講越來越密集，漸漸變得不可能。我的生活變得越來越固定：一下課就得去演講，在計程車上吃便當、換衣服，甚至一上計程車就跟司機說：「到目的地請叫醒我。」然後第二天也是這樣。

我開始想，算命的說我可以活到很老，我的興趣這麼廣，生活卻只能如此，我要一直每週、每月不停重複這樣的生活嗎？我同時扮演的這麼多角色，都有必要嗎？有天我會昏倒在講台嗎？

我漸漸動念，覺得一定要離開台灣，重新尋找自己到底要什麼。我甚至想起，在美國時我曾考慮過當喜劇演員。我也很懷念紐約的一切，包括人、事，以及可以看很多表演等，這種思念，還因為我回國時決定中斷跟朋友的來往，變得更加強烈。那年我三十七歲。

當時恰好美國國務院的傅爾布萊特計畫（The Fulbright Program）第一次辦駐校亞洲學者計畫，傅爾布萊特計畫是由一位美國參議員傅爾布萊特（J. William Fulbright）提案、經國會通過成立的國際教育交換計畫，亞洲學者計畫則是要邀請亞洲地區學者專家到美國小型大學交換一年。

有位在美國路伊斯安納州格蘭布林州立大學（Grambling State University）當政治系主任的馬來西亞華人沈耀順，看到駐校亞洲學者計畫，就跟國務院申請交換一位來自台灣的駐校藝術家。格蘭布林大學是黑人大學，有兩個著名特色，一個是美國足球隊的養成搖籃，另一個是他們的軍樂隊很強。但整體來說，黑人在當地仍是弱勢，校方因此希望有人去帶領出他們所沒有的經驗。

那時在台負責傅爾布萊特計畫的美國在華教育基金會（U.S. Educational Foundation in the Republic of China）主席，也是美國新聞處處長克拉克，因為知道我在辣媽媽的經歷，就向美國推薦我去。我想這正好可以實現我暫時離開台灣的願望，我這人本來就好奇、愛冒險，覺得去格蘭布林大學可以了解紐約外的美國，又是跟過去較少接觸的黑人工作，立刻答應前往，同時又可以藉機卸下系主任的工作。

格蘭布林大學知道我要去後，也邀請我擔任他們學校行為科學系客座教授，因此我再度赴美時，有兩個身分：一個是傅爾布萊特的劇場藝術交換學者，一個是該校心理學教授。

我就這樣踏上自我追尋的旅程。說來很巧，我坐飛機時，看到身邊一位白人女士在讀一本書，時而微笑、時而泫然，我就問她讀的是什麼書，讓妳這麼感動？她告訴我是由 Gail Sheehy 撰寫的 *Passages: Predictable Crises of Adult Life*，剛出版，叫我一定要讀。我轉機時就去書店買了這本書，同時發現另一本心理學家李文遜（Daniel Levinson）的 *Seasons of a Man's Life*（人生四季）。

李文遜這本書是研究四十個男性的一生發展，並從他們的人生階段，結論出每個人大約會從十七歲（17 ± 2）起開始尋找人生的四個大夢，到了三十三歲（33 ± 2）左右，會差不多該知道自己想做什麼。這就是他的人生四季理論架構。在心理學上，這本書也有很大的突破，因為過去一般談自我追尋，都是指青少年，談中年人的很少，這幾乎是第一本關注成年發展的書。

正值中年恐慌的我，讀了這本書，忽然覺得自己不孤單了，因為我從書中發現，人人都有這種危機。我省思到，中年恐慌其實很普遍也很自然，因為人到中年，外在往往歷經一些變化，比如事業轉業、兒女進入反叛期，當事人因此一定會思考到未來究竟要做什麼，並感到恐慌。

像我的情況是，因為角色太多，時間和精力卻有限，又不想重複同樣的工作，因此會恐慌、疑惑、不知所措。我會再度赴美，就是想要解決恐慌，在眾多事務中釐清自己最想要的選擇是什麼。

我也想到，心理學家艾瑞克森（Eric H. Erickson）將人生分成八個階段，指出每個階段的危機都是轉機，如果轉變成功，就會往下個階段正向發展；若沒成功，就可能變得悲慘或遲滯不前，例如小時候應該獨立問問題、發展創意，若創意被壓抑，一生就很難獨立。我回想到，我人生中的每一階段其實都有危機，只是我都會設法克服。

像我在心理學家所說創意最蓬勃發展的四、五歲時，沒讀幼稚園，而是在海邊長大，反而從大自然學會更多創意。當時的我，一遇到衝突場面，就會自動離開大人視線，跑去海邊、河邊、田裡，不但解除了衝突危機，也解除了創意學習危機。

又以選擇大學科系來說，很多人在那個階段都會徬徨，我的作法是先排除、再聚焦。我首先挑出不想念的科系如商科，（雖然我後來在管理學院開課）；然後再聚焦在教育、社會、社工和外文、外交等兩大類科系，這樣我不論考上哪個科系，我都能接受。這也是我解除危機的方法。

我就這樣邊思索各方理論，邊反思自己的過去、當時和未來，慢慢構思起屬於台灣的《青年的四個大夢》。格蘭布林大學的經驗，也給我很關鍵的幫助。

在格蘭布林大學，我首次身兼劇場藝術學者和心理學教授兩個正式身分，這讓我得以在學院中自在進出兩種看似無關的領域，帶給我很大的啟發。

以劇場藝術交換學者的身分來說，我在戲劇系教「創意戲劇」，也演講、帶工作坊。那裡的戲劇系學生過去都沒有機會接觸「創意戲劇」課程，卻都極富表演天賦和熱情，我教他們怎麼演貓、怎麼培養敏銳觀察力、怎麼整合聲音與動作，又怎麼用心理學的信任感訓練等幫助戲劇團隊合作等，他們反應都很熱烈。

有趣的是，有次還有位來自白人大學的教授，向位於華盛頓執行國務院傅爾布萊特計畫的人抗議，說是聽說我的工作坊很有趣，白人學校卻沒有這種工作坊，她要「反歧視」。後來我也去那間白人大學教工作坊。

以心理學教授身分來說，我教普通心理學。比較特別的是，由於當時教科書內容都是白人寫的，研究對象都是哈佛大學等名校白人學生，但這些白人菁英的環境和美國南部黑人學生實在差異太大，因此我每講一個原理，就會問黑人學生是否覺得他們的經驗跟這些原理符合，又應有何調整，激發大家很多討論。

種族異同問題除了顯示在教科書，也會顯示在課堂。

那時班上有位女生膚色比較白，但看得出是黑人，常對同學不屑、擺臭臉，同學也不喜歡她。有次我談一個由社會心理學家 Eliot Aronson 以容貌、行為與他人印象為主題所做的研究，研究結果包括長得好看的人若先對他人好、後來又不好，別人最討厭你；若是先對人不好、後來變得好，人家最喜歡你。我就看著她問：「根據這個研究結果，妳要如何讓別人都喜歡妳？」她馬上哭起來。這個研究結果其實適用於各種族。

學校也有些白人教授會找我做輔導，他們因為在黑人民權運動時站在黑人這邊，後來到這裡教書，但因為專心教書沒發表文章，升等時遇到問題，就來找我談。也有教授因為被學生問：「你如果有機會到白人大學教書，還會留在這裡嗎？」覺得自己「被反歧視」，所以也找我談。

校外也會有黑人團體邀我去演講。在那些黑人「高級社會」場合，我驚訝地看到全場每位貴婦戴帽子，讓我深深體會到同一個族群裡的貧富差距也很大。

我這種既教戲劇、也教心理學的雙重身分與經驗，以及格蘭布林這全新的環境、學校、人群，都讓我可以超然地比較這裡與紐約、明尼蘇達乃至台灣的經驗。有了這些體驗，加上看完李文遜的書，原本赴美只是想反思的我，整個人煥然一新，將這些想法變成書的架構也越見清晰。其中一本當然就是之後的《青年的四個大夢》，另一本是一九九二年出版的《人生的自我追尋》。

我心所想的「青年的四個大夢」，是以李文遜《人生四季》和艾瑞克森的人生八階段說為基礎，再結合台灣現象與包括我在內的實例，探討青年遇到的問題，並建議調適之道。李文遜說的四個大夢，我也一一調整增修。

我談的第一個大夢，是指追尋的人生價值，也就是你最在乎的是什麼，比如死時希望別人怎麼看你？希望墓碑上寫什麼。一般談人生價值觀，不外乎追求自我強化、權力成就，或是追求真善美，包括自我超越、世界公平、正義和平等。若用心理學家羅克奇（Milton Rokeach）的說法，則是工具價值與終極價值之別，前者包括功課成績等外在成就，也可說目的是要達成更大的終極價值；後者則是人生幸福、和平正義等。

追尋大夢過程中需要的良師益友，則是我談的第二個大夢。這些良師可以是經師，當你典範，古今中外人士都可以算；也可以是人師，他們雖然不一定是你知識或工具上的楷模，但能提供你情緒、情感上的支持，例如許多中小學教師雖然不一定是學術典範，但絕對是人師。

青年的第三個大夢，是終身學習的職業或志業，也就是學業、就業可以做什麼。這當然也牽涉到個人價值觀，比如人可能根據興趣、天賦或社會所需選擇志向，也可能只看哪個最熱門、甚至朋友都選哪個，就選哪個，考大學「選系」，找工作「選業」，都是在逐步實踐夢想。

至於第四個大夢，李文遜講的主要是愛情，但我把這點又解釋得比較大，納入親子、師生、朋友之情等。比如一個人考上大學後，跟父母、老師的關係往往都會重新調整，因為此時年齡、知識都有相當成長，和父母的關係會變成亦師亦友；和朋友的關係也一定會隨著年齡調整，比如大學同學在各自成家立業後，再見面時可能變成比較自己的孩子念什麼學校。

說來這四個大夢，其實都是自我追尋，一般會有四種可能性：一是危機解除，找到想走的路線，自己也覺得很安穩；二是都沒去追尋，例如父母說什麼就作什麼，沒經歷過反叛，但自己可能不愉快；三是沒感到危機，也沒有去追尋，產生角色混淆；四是大部分人都經歷的，就是永遠在危機中追尋。

每個人在追尋過程中，一方面希望有權威輔導，一方面又想反抗，經常會不大服氣，但又仰賴別人幫你，我想談「青年的四個大夢」，就是想從旁協助所有需要的人。我剛剛經歷中年恐慌，很希望自己的經驗和反思也能幫助到別人，改變環境。

像我會思考，誰是我的良師益友、人師經師？我覺得我的指導教授威爾可和拓弄思都是。我也會用第一個大夢思考自己追尋的是什麼，希望用這個架構來統整自己、思考未來，最後我決定，「真」、「善」、「美」的價值觀我都要追尋。「真」的方面，我追求事實真理，心理學就是武器之一；「善」的方面，我希望幫助更多像我一樣曾是「邊緣人」的人，這也是我為何後來會擔任家扶基金會董事長，又投入社會創新、社會企業；「美」的方面，當然就是藝術。既然真善美都要，我要如何整合？我想，我最好的自我定位方式就是「無圍牆的教育工作者」。

我又思索，我既然熱愛的關鍵是教育，而非僅某一特定領域，就該拋棄圍牆。這樣我不需要固定在哪個大學教書，不需因必須歸類而被迫放棄任一領域，如此就能夠自由橫跨戲劇、心理學、人生體驗、領導與團隊等領域，形式也可廣含教學、演講、工作坊，而我所有思想行動的主軸則是創造力。只要有創造力來貫穿，我就可以完成各種各樣的傳遞、擺渡、媒合，不受圍牆拘束。

沒了圍牆，我跟學生、社會人士的關係，也可以是由下而上，而非由上而

1977 年，華視《今天》別刊特別以我為封面。

下，當然也可以相互切磋、「上下其手」，無論如何，都一定比體制內來得自由。

去美國反思的我，就這樣回頭看見自己，有了重新自我定位的機會。二度返台後，我辭去政大教職，一面以新的思考架構重新檢視手邊工作，一面也決定要像擺渡人一樣，把所思所想傳遞出去：不論大學畢業生校友會或畢業生聯合會邀我演講，或我從一九七二年開始主持的華視電視節目《今天》中，我都分享「青年的四個大夢」概念。這也是人生的因緣際會，創造了平台，讓我擔當「心理學知識」與聽眾之間的擺渡人。

當時這些演講非常被需求，大家會問很多問題，《今天》製作人鄭淑敏和節目主持人薇薇夫人都會轉觀眾信件來。我記得有次在東海大學演講，場外擠滿進不來的聽眾，當我談到「愛是什麼」時，還有人在窗外大喊「愛就是翹課來聽你的演講」。

有次在中興大學演講，學生畫演講海報，上面有一對男女口中吐出愛心圖樣，對，是愛心圖樣不是接吻，結果這張海報被不知哪個單位拿走，主辦同學還被警告，可見戒嚴時代「維護善良風俗」之緊。我正要講時，燈還突然熄滅，我自我解嘲說「學校希望你們即使在黑暗中也能夠探索人際關係，多偉大呀！」，學生就大笑，大家點蠟燭繼續講，然後我又說：「我突然變成會動的遺像，希望我起死回生溝通——陰陽溝通。」

我這樣四處演講兩年多，希望跟更多人溝通人生不同階段會有不同危機、必須自問四個大問題的必要性。到了一九八〇年，在我家成立遠流出版社的王榮文，邀我把這些演講整理出書，他並把書名取作「青年的四個大夢」。

這書出版後，立刻登上華視等當時暢銷書排行榜的冠軍，還蟬聯很久，甚至被藝人胡瓜、演員鄧志鴻當作話題，先開玩笑，再推薦。當時的文建會，也把這書選為最推薦高中生看的書第一名。這書也傳到大陸去，汕頭大學在二〇〇四年出版時，還邀我隨書去廣州中山大學、清華大學、人民大學、北京大學等演講，都引起很大的效應。我曾經說，如果要證明自己的存在和重要，就去談愛情、人際關係等題目，聽翁之意未必在講者上，但這些題目是當時社會所需的。

至於我個人生活方面，其實我各種教育、演講、專欄、工作坊、電視節目等工作還是很多，並沒比赴美前減少，但我會以「無圍牆的教育工作者」主軸，藉此調整過濾。例如有些題目，我會轉由別人講；有些太企業型的，我也割捨。

因為有了「青年的四個大夢」，我終於擺脫恐慌的三十七歲，自然增加一歲，確認「無圍牆的教育工作者」定位。我既來之則安之，則觀察之，則擺渡之，四個大夢的架構，穩穩地幫助我進行想做的工作，那就是真善美。

第八章　蘭陵劇坊四十年

二〇一八年五月，珍惜台灣當代劇場發展的朋友慶祝蘭陵劇坊創立四十年，舉辦了論壇，還演出一九八三年創作的《演員實驗教室》新版。我因為跟蘭陵的關係，是論壇第一個主講人，蘭陵是一群愛好戲劇的人共創的，我最重要的角色是蘭陵的助長人——協助團員學習成長的人。我最大的貢獻，只有教他們我美國所悟、再加自創的演員訓練和發揮和創造力的方法。

只是，當時誰也沒想到，這套重組再ＤＩＹ的演員訓練法，竟滲入台灣劇場，延伸四十年至今。

說來有趣，一九七三年林懷民、作曲家許博允和溫隆信、舞台設計家聶光炎、美術設計家凌明聲邀我籌組「六二藝展」，希望結合各自擅長的藝術領域，發展出「多元媒體」的演出形式時，我雖出了三萬元，最後這藝展仍因募款不足流

2018 年，蘭陵四十，特別演出《演員實驗教室》新版，大家都覺得這是台灣現代戲劇的斷代史。（林馨琴攝）

產。後來他們都成為藝術家、藝術創業家，只有我不是。

然而，我在同年那場在台北美國新聞處「什麼是現代劇場？」的演講，因為同時安排一場李昂也參演的短劇，清大人文學教授顧獻樑看了很稱讚，在他和連回台後都幫我找好房子的姚一葦的催化之下，成了多年後我與蘭陵結緣的契機。

一九七六年，台北紫藤廬茶館創辦人周渝賣掉祖傳的兩幅齊白石真跡當基金，在台北耕莘文教院帶領人、加拿大籍的李安德神父協助下，成立耕莘實驗劇團。李安德神父很喜歡戲劇，劇團作品評價也不錯，但李安德可能覺得劇團成熟到某個程度，作品有時難免與天主教義產生扞格，想把劇團獨立出去，周渝也覺得劇團有瓶頸，就將劇團交給屏東農專畜牧科畢業、當時在戲劇圈表現傑出的金士傑。

那時金士傑和卓明、黃承晃、杜可風等人一起租公寓，卓明在辦電影雜誌《影響》，黃承晃、杜可風、劉若瑀（當時叫劉靜敏）等人都有幫忙。金士傑因為接了劇團，就把這群電影愛好者也拉來耕莘，又覺得劇團需要指導老師，聽顧獻樑、姚一葦都推薦我，剛好《影響》的成員陳玲玲在文化大學戲劇系上過我的課，就和她一起來邀我當劇團指導老師。

陳玲玲會認識我，也是另段巧緣：姚一葦在文化大學當藝術研究所戲劇組主任時，找四位校外老師來教課，最後只有我被逼上場。我其實規定自己，既然不是戲劇科系出身，就不要在正式的系所教戲劇，那次也成了我在國內唯一一次在大學教戲劇課。當時學生還有黃建業、詹惠登、石光生、林國源、姚海星等。

一九七八年，二度返台不久的我，就這樣當起耕莘實驗劇團的指導老師。由於我覺得劇團要重新開始，團員最好都也從零開始，金士傑除了當團長，還從《影響》拉過來卓明、杜可風、劉若瑀、黃承晃等人，他們都成為未來的蘭陵初始團員。因為剛開始時，我帶蘭陵常常利用肢體動作，金士傑和劉若瑀做得非常好，很多動作就由他們來帶。

在那一切現代藝術都在草創、現代實驗劇場還未摸索出方向的年代，我規畫演員訓練課程，基於三大信念：一、每個人成長的故事及其文化底蘊都可以變成創作來源；二、每個人都有創造力；三、人人都是彼此的老師。這些信念源自我在美國從心理學、創造力、辣媽媽所學，也是我從小到大的體會。

諾貝爾文學獎得主史坦貝克說過，中年時要當心江郎才盡，因為生活經驗此時已講完，這某個程度正凸顯個人經驗與創作的重要性。我認為，個人的經驗會用完，但無數的他人經驗是取用不盡的，因此我深信，只要適當組合自己的經驗，與包括古人境外在內的他人經驗，就可以成就作品。

不過要做到讓自己經驗充分浮出，也吸取他人經驗，首先要做到放鬆。這是為何我訓練蘭陵時，會用大量心理學方法讓演員回憶過去經驗，讓不同經驗在腦海中的舞台互相碰撞，再讓腦中空掉，這樣身體才會浮出最深層的反應與經驗。

而要讓頭腦放鬆前，勢必要先讓身體放鬆，因此不論做什麼訓練，我一定先讓學員相互按摩，葉清和我在辣媽媽的工作坊就是這樣。

在台灣，進行演員訓練前先按摩，除了可從生理上解放緊張的身體，還另有一層效果：在男女授受不親的年代，藉由專注放鬆目標的相互按摩，可以解放男女間隔閡，真正放鬆。有趣的是，那時許多人白天要上班上課，下班下課後趕來，彼此經由從頭到腳趾一步步相互探索身體部位的按摩，常常很快就睡著。不過醒來後，身體已放鬆，就能自在創造。

另一個目的是透過穴道按摩了解身體的部位，這是默劇、舞台上肢體創作與表演的重要功課。

此外，我也強調人人是彼此的師父，認為相互分享、激勵，就能激發創意。這種推翻上對下、主張互動學習的觀念，在當時威權社會非常創新。

在這些信念下，我再綜合辣媽媽劇社、會心團體、心理學式遊戲、武俠片電影等經驗，設計、整合出訓練蘭陵演員的方法，大致來說可分為五類課程。

經常性訓練方面，我用角色調換介紹等方式幫助團體形成；用黑暗、躍接、向後倒等方式培養信任感；用身體形象、互相模仿等遊戲促進自我認識；當然也有各種發聲與呼吸練習。

我也運用「新名再生人」的方法，要大家各取一個希望別人這樣叫自己的綽號，這樣自己好像變成另一個人，整個人更自在。像我是「鮎魤」，金士傑是「金寶」，劉若瑀是「秀秀」。

我也會運用各種即興素材要團員發揮，例如根據各種主題如探獄、思春，或用團員偶發的靈感來變化。這些即興及「經常性訓練」的設計，主要都來自我在辣媽媽的實際參與和觀察。

我們也曾有訓練是用指壓、想像力引導、貓的動作模擬、身心鬆弛法等來鬆弛肌肉。所謂身心鬆弛法，是運用逆向思考，不是要當事人放鬆，而是先讓縮緊，緊到最高點，再放鬆。這種反差才能體會放鬆的舒暢，然後藉由回想記憶慢慢達到放鬆。例如一個人若幼稚園被狗咬過，從此怕狗，想到狗就緊張；但若以放鬆狀態回想幼稚園時期，再看到狗，讓放鬆的感受超越緊張，最後就會比較放鬆，練習到最後就不再會緊張。這類鬆弛法，回憶時讓團員從一歲、兩歲起逐一慢慢回憶，他們提取的生命故事都可成為創作素材。

我還有些課程是選自開放劇場的練習如「聲音與動作」等，像要團員圍成一個圓圈，每人輪流到中央做個「動作和聲音」，他便自由發展，回到自己的位置再到另一個人前面，他人則像照鏡子般模仿他。這不但能幫助大家學習如何模仿，輪到中央的人也能從他人的呈現看到自己聲音與動作及其節奏的問題。我也會訓練團員在舞台上聽聲音直接做出不同動作，這能讓團員學會應變能力，也能訓練節奏感、整體感。

像我很會學人，就常教別人怎麼學人走路等日常動作。其中要訣是要抓到某個特色，然後放大，例如有些人走路腰很直、有些人腰會一直動。我這些技巧，都得歸功在紐約時常與演員一起做的戲劇練習，學會分析自己的身體，注意做出動作時，身體哪段會動、哪段不動。這樣接下來還可專注在身體某部位作訓練，例如練習頭、手、嘴的各種姿態表情，也就是「孤立動作訓練」。每個部位都練熟了，就可做整合訓練。

我還有些課程取自於心理學的創造力發展和會心團體的概念和技巧，例如「空椅」、即興創意、腦力激盪等。「空椅」是「完形心理治療」的基本技巧，讓案主假想眼前空椅坐著自己沒能說出所想的人，來對空椅講出想講的話。演《荷珠新配》一炮而紅的李國修，就最常談空椅技巧對他後來成立「屏風表演班」創作的幫助，最著名的例子是他在《京劇啟示錄》中對空椅的運用。

此外，我也鼓勵團員接觸傳統劇場、觀察參與其他類藝術。我認為，以上這幾大類、幾十項訓練法訓練多了，就會慢慢轉化成創作，從原本單純只是模仿或練習，生出創意。《荷珠新配》就是一個例子。

不過，我這種結合戲劇和心理學的「參與者中心」教學法，因為並非台灣當時習慣的「教師中心」、上對下單向教學法，很多成員一開始不習慣。

金士傑就曾說，我上課時很慵懶、不積極、愛聊天，又不談演技，也不了解我為何老要他們在地板滾來滾去，讓大家急於上台的衝動都被淡化；一年後上台，大家才感到彼此的動作變得那麼自然真實，迥異於台灣當時充斥的樣板戲。也要在很多年後，他才又體會到，唯有當時那樣的氣氛，他們才能真正改造、學會享受沒有任何包裝的身體。

個人習不習慣，當然也有年代差異。後來也加入蘭陵的楊麗音就說，她碰到「地毯訓練」時，看到男男女女成排躺在地上，每個人都得輪流從他人身上滾過去，她因為意識到男女之別，一開始都非常緊張。但更晚期的蘭陵團員王耿瑜，後來自己也成編導、帶大學生，就發現這些學生都不緊張。說起來，地毯訓練因為能解除男女隔閡，讓舞台演出變得很自然，效果很好。游安順在二〇一八年版的「演員實驗教室」中的描述就是最好的印證。

我這許多訓練法都各有功能，不過有種方法我後來不敢用的，是「原始呼喊」。很多人遇到危機、緊急狀況時都會喊媽媽，我就要團員到牆壁角落喊「媽」，但我後來發現，有些人因為伴隨著媽媽出現的事情太恐怖，比如看到媽媽去抓小三的衝突畫面，情緒很難復原，所以就儘量少用。但對大多數人來說，這種方式其實可以排除自己強烈的情緒。

這些方法，我自己都試過，不過因為我從小到大都有心理學的觀察取向，很能自我消化所有事情，從沒發生自己無法承受的狀況。但我也有許多壓抑的事，比如在美國時，戲劇界會吃大麻，我也吃，只是我吃了沒特別感覺；有些人還會吃迷幻藥LSD，吃後跑出很多過往的壞經驗，很瘋狂，我因為不敢吃，就不知情況會如何。

轉型後的耕莘實驗劇團，就主要以這些方法受訓逾年，還編創了從我平時練習方法延伸出的《包袱》，以及《公雞與公寓》等，評價都不錯。但耕莘真正轉變成蘭陵劇坊的關鍵，是在一九八〇年。

那時有個教育部的「中國話劇欣賞演出委員會」，是戲劇教授、國民黨立委李曼瑰在一九六二年組成的，她後來和俞大綱、姚一葦共同主持當時中國文化學院

（今文化大學）藝研所戲劇組，彼此非常熟。一九七五年，李曼瑰過世，委員會就在一九七九年由姚一葦接手當主委。

姚一葦曾歷經白色恐怖，也是受害人，話劇欣賞演出委員會能交給這種並非國民黨欣賞的人，表示仍有相當表演藝術專業。這同時，不知是誰又找到政戰系統出身的趙琦彬來當總幹事，這就讓委員會有了政治保護色。畢竟那時是戒嚴時期，要推動戲劇，得要有正確的人事組合，否則光是戲劇出現「實驗」兩字，都很容易被誤導，這是很關鍵的事。

姚一葦和趙琦彬搭檔後，決定在一九八〇年舉辦第一屆實驗劇展，好突破台灣戲劇都是話劇式的困境。現在回顧，他們辦的實驗劇展真的是台灣戲劇發展的分水嶺，就從這開始，台灣戲劇教育、劇場、研究主題等都在改變。

我和姚一葦是在美國認識的。當時他先去愛荷華，再來紐約，和熟識的施叔青夫婦碰面，說想看前衛戲劇。施叔青和他先生都跟我熟，就介紹我們認識，我就帶姚一葦去看辣媽媽劇社。沒想到這些之前種下的緣分，後來都會發酵。

由於姚一葦跟我熟，他當然要我們劇團也參加。我們那時已脫離耕莘文教院，只是還沒有新名字，就在劉若瑀家腦力激盪、想出一百五十多個名字，再逐一篩選，最後在「蘭陵劇坊」和「炎黃劇場」中選了前者。

「蘭陵」典故源於中國古代歌舞「蘭陵王入陣曲」，那時因為劉若瑀在文大唸國劇時閱讀了孟瑤的著作所得來的知識。大家都知道這曲因為演出北齊蘭陵王戴面具衝鋒陷陣、勇冠三軍的故事，被視為中國最早的戲劇精神代表；劇坊則意指工作坊、永遠在訓練。說來也有趣，正如我要團員運用的「新名再生人」方法，耕莘實驗劇團也在正式變成「蘭陵」後，有了脫胎換骨般的蛻變。卓明後來也找來蔣勳編劇、許博允作曲、林麗珍編舞，創演《代面》。

不過，蘭陵在要成團時，先受了個考驗。戒嚴時期，劇團成立都要送審，蘭陵送審時，一開始教育局沒通過，後來我們說要演個反共抗俄的戲，才很快被接受。

蘭陵終於成團後，我們就開始煩惱實驗劇展的事。雖然已講定由金士傑和卓明負責，但我們究竟要用什麼戲參加？我想，既然強調要「實驗」，那就應該像美國一九七〇年代那些實驗劇場一樣，也從經典文本中變新貌。我就問深懂戲曲的

蘭陵成員於演出《荷珠新配》時的合影。中排右起：劉靜敏（劉若瑀）、吳靜吉、李國修、李天柱、金士會。後排右一為卓明、右二為金士傑；後排左一為杜可風、左四為馬汀尼。（蘭陵三十籌委會提供）

專家俞大綱，有什麼京劇適合改編成現代戲劇？當時戲劇界人人喊俞大綱「俞老師」，有什麼問題都請教他。

俞大綱想了想，說可以用《荷珠配》，當時這戲剛好在國軍活動中心演，金士傑就約卓明去看，看完後很喜歡，決定就改編再創這齣劇，這就是《荷珠新配》。

同年七月，《荷珠新配》首演，大獲成功。當時我們想好上半場先演肢體語言構成的《包袱》，下半場再演喜劇風格的《荷珠新配》，好製造一種前面很緊、後面很鬆的效果，果然大家都很喜歡，《荷珠新配》也很快受邀展開各地巡演。

有件有趣的事是，那時台灣觀眾對戲劇認識還不普遍，不知道演完後可不可以鼓掌，我就會在演出前跟觀眾說：「如果你喜歡這個表演，可以在演員演完、向觀眾鞠躬謝幕的時候鼓掌」。畢竟要推廣新東西時，應該要配合教育，這是我這無圍牆的教育工作者該做的事。

我還會在演出結束、大家不知道何時該鼓掌時，很大聲地鼓掌，好自然引導觀眾。我這樣做，也是因為很多藝術家會太沉溺在自己的情緒中、太自戀，但我覺得演出結束了，就該回到人間。

台灣那時有些地方對藝術很陌生，表現出不尊重，我會想辦法解決問題。有一次我們在基隆演出，基隆市長很晚才到卻一直想上台致詞，我一面跟他說快演完了，演完後才致詞；一面告訴劇組演完後立刻亮燈。演完後，燈立刻亮，觀眾一看燈亮都離開，這位處變不驚的市長說了一些話後，也只好走人。

相對地，有些縣市首長不但尊重藝術，也很尊重下屬的意見，這樣我反而會特別禮遇。我們到宜蘭演出時，陳定南當縣長剛好就職一周年，他也晚到，當時他們教育局的社會科科長林蓮珠請他先在後台等，他就很有耐心地等到觀眾起立鼓掌後再入場。我看他這樣，就在演出結束後立刻跟觀眾說：「宜蘭縣長任職一周年，一直在後面規規矩矩坐著，我請他代表你們跟演員握手！」就沒先亮燈，果然掌聲如雷。

在蘭陵巡演過程中，最讓我緊張的一次，是一九八〇年十月三十一日的演出。那晚節目是聯合報主辦，還是曾在孫中山百年誕辰話劇《國父傳》演出七十場國父的詩人、當時聯合報副刊主任瘂弦辦的，我本來想這樣應該沒問題，但有風聲說有人認為當天是蔣公生日，不宜演出女主角是妓女的《荷珠新配》。

有眼光也有內線的趙琦彬雖然表達擔憂，但他說「你們照樣演，這事我來處理」。後來他就在演出前，先擺了一桌請警備總部的人，又安排一位人士來看，請我照顧那人。我當時非常忐忑，緊盯那人看戲的反應，當我看到李國修演的趙旺出來說笑話時，那人笑起來，我這才立刻覺得得救。後來果然聽說沒事，這大概是聯合報主辦、瘂弦規畫、趙琦彬擺宴、我接待、加上李國修說笑的功勞。整場演出笑聲不斷，我們絲毫沒有對不起荷珠啊！

不過，蘭陵後來演出的戲，並非都這麼順利。在戒嚴年代，戲劇演出都一定要通過兩處同意，一是當地教育局，一是警察局。有回蘭陵有齣戲有男女摟抱場景，我們送審時很緊張，因為主管機關大可以「男女授受不親」為由不讓你演。這劇本後來送審很久才通過。

一九八四年，導演賴聲川回國，他父親是外交官，家世很好，是媒體追逐的對象。他先是和蘭陵合作《摘星》，這是講智能障礙兒童青少年的故事，金士傑、卓明、李國修、楊麗音等演員為此常去「雙溪啟智中心」，觀察他們的生活來揣摩演出。這劇本也是遲遲下不來，據說原因是「揭發台灣黑暗面」。我那時就跟賴聲川說，要解決問題有兩個方法，一是訴求大眾，讓大眾發聲「我們要愛護智能障礙者，怎能掩蔽他們？」；二是靠關係。不過最後還是靠關係。

這戲大受好評後，讓賴聲川很有信心，跟我說想做關於相聲的戲，這就是《那一夜我們說相聲》。本來這戲是由蘭陵製作，但我覺得最好要獨立出去。我對台灣情境有某種直覺，覺得蘭陵應該可以開始讓團員陸續獨立，若有人要出去就出去，最好長出更多團體。賴聲川就因為要演出《那一夜我們說相聲》，成立了表演工作坊。許博允叫他不要在新象小劇場，而是要到藝術教育館演出，李國修和李立群的精湛演技風靡了觀眾，表坊從此大放「藝」彩。

也是在這一年，蘭陵劇坊在當時文化建設委員會掌管藝術的申學庸處長支持下，開始主辦五屆「舞台表演人才研習會」，由我擔任主任。這個研習會主要是訓練表演人才，我的觀念是，訓練完，一定要有演出，演出的成果展現則分兩部分，一是如何訓練，二是作品，另外還會有做為前導示範的「示例演出」。當時申處長和她的祕書蘇昭英都認為蘭陵的訓練模式應該創新擴散，成為有志戲劇卻苦無機會的年輕人的接觸平台。

這個研習會很受到期待，喜歡戲劇的青年都來參加，不少都成現在藝術界、學術界、媒體界重要人士。像演員鄧安寧、趙自強、鄧志浩、游安順、楊麗音、蔡阿炮，藝術節策展人李立亨、台北藝術大學戲劇系前後任系主任的馬汀尼、林于竝、盜火劇團藝術總監謝東寧、媒體界紀慧玲、陳文芬、李文媛、張翰揚等都是。

巡演時，我有個原則，是要由各大學學生及校方提出邀請。我覺得這種巡演不能靠命令各校參與，只要自己做得好，對方就會來邀請，也才會真的珍惜。後來我們以《荷珠新配》做為第一次巡演的示例演出，造成轟動，之後的巡演，大學邀請都很踴躍，北、中、南、西戲劇推廣都很成功，大家從頭笑到尾。

蘭陵就這樣也演出、也教育地進行了幾年，隨著蘭陵工作不斷增加、成員不斷變化，我越來越想在台灣落實美國著名實驗劇場「開放劇場」（Open Theater）十年生聚的過程。

「開放劇場」由柴金（Joseph Chaikin）於一九六三年創立，劇團特色是重視團隊合作和創意即興，議題和技巧廣泛多元。一九七三年，柴金決定解散該團，理由是擔心劇團會因年久變得太固定、機構化，編導和演員的才能將很難自由發展。不過，劇團解散後，柴金和團員或另成劇團、或到大學教戲，反而讓開放劇場的精神滲透了好幾代的戲劇與教育領域。

開放劇場的歷程，和心理學關於「十年規則」的創造力發現不謀而合。所謂「創造力十年規則」，是心理學家從一九三〇年代開始，研究科學、運動、藝術、文學等各領域的創意人從生手到專家的歷程，發現一個人從完成準備到最好的作品出現前，大約需要十年的醞釀發展。我深信，這個規則也可以運用到團體，就像開放劇場和蘭陵劇坊一樣。

在那之前，蘭陵一年大約製作兩齣戲，但都是以金士傑和卓明為主。我想，其他團員也該有機會發揮才行，何況當時政府的補助和社會氛圍也不容許「一團

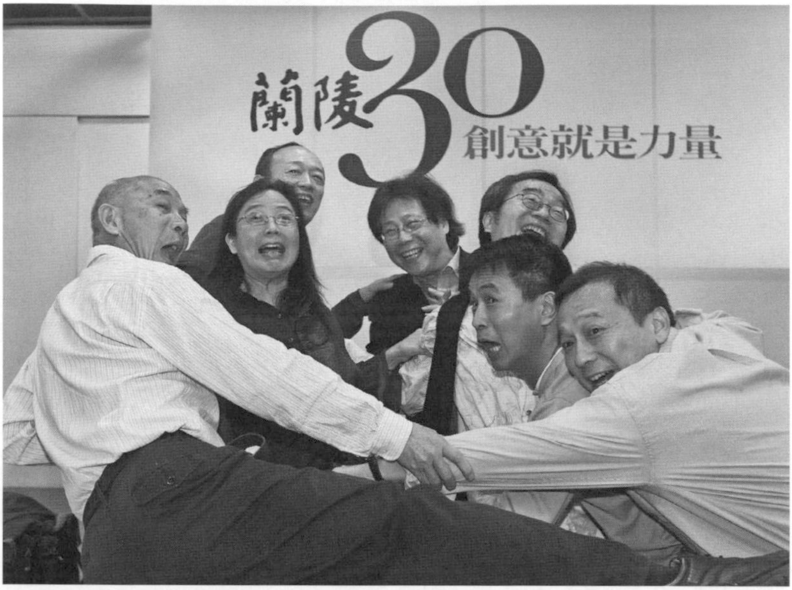

2009 年參加「蘭陵三十　傳奇再現」活動。（王榮文提供）

獨大」。我告訴當時從陳以亨手中接下劇團經理的劉源鴻和他的上司卓明，如果蘭陵在他們經營下可以生生不息，就繼續做下去；如果剩下的錢用完，就讓蘭陵慢慢淡出。一九九〇年，正式的蘭陵解散，非正式的蘭陵繼續細水長流，多元發展。

說來不可思議，當年我不確定「後蘭陵時代」會是什麼樣子，但從蘭陵二十、蘭陵三十、乃至蘭陵四十回顧，蘭陵真的就像當年的開放劇場一樣，不斷開枝散葉。

首先，從蘭陵還沒解散的一九八四年算起，蘭陵直接或間接地孕育了台灣至少十五個劇團，包括李國修的「屏風表演班」、劉若瑀的「優人神鼓」、賴聲川的「表演工作坊」、李永豐的「紙風車劇團」和「綠光劇團」、趙自強的「如果兒童劇團」、謝東寧的「盜火劇團」、邱安忱的「同黨劇團」、王榮裕的「金枝演社」等。

當年參與蘭陵者如馬汀尼、金士傑、卓明和陳以亨等人，在學校或各劇團發散的效應也不可數，杜可風也說蘭陵對他的攝影幫助很大，藝名叫阿炮的蔡明毅也自成一格。

蘭陵演出的戲也影響很多人。二〇一八年五月演的《演員實驗教室》新版，我們在一九八〇年代發展時，一開始只是我用心理劇手法，問團員一些會讓人不愉快的問題，例如你最痛苦的經驗、你死時墓碑要刻什麼等。學員一開始會目瞪口呆，等到開始想像答案，就痛哭起來。不過大家慢慢放開後，很多人因此突破與家人的矛盾情結、或不再逃避、面對挫折，最後就在金士傑改為提問「你為何當演員」下，發展成正式戲劇。

當時這戲演出很受好評，不過多年後，我自己也快忘了。直到有天我碰到導演王耿瑜，她問我為何這齣戲不再演，還說她就是因為看了這戲，才降了兩年重考進電影系，因為當時沒戲劇系可念。蘭陵的一齣戲影響一個人的一生，這只是例子之一。

蘭陵的效應，還推廣到青少年。一九九六年，紙風車想標文建會舉辦的「青少年戲劇推廣計畫」，先給我看過標案計畫。我研究教育心理學，覺得這計畫概念很好，但標案計畫內容必須強調青少年發展的特色，以及為什麼需要戲劇，就給他們建議。

我分享我對青少年的看法，包括青少年有兩個特色，一是自我追尋，二是在找到自己是誰時，大部分青少年一開始會想要權威輔導他，另一方面又反抗權威。因此青少年戲劇推廣是必要的，可在過程中輔導他們。

我們了解，青少年不見得相信外來的權威，就得配合教師戲劇研習營，讓老師懂得戲劇奧妙後，能夠輔導喜歡戲劇的學生。這還有個作用是，如果學生不小心因為反抗被學校犧牲後，老師可以幫他們講話。

紙風車也鼓勵中學生成立社團，社團也要有專業人士輔導。李永豐、任建誠等人後來就真的找專業老師來帶高中戲劇社團，也訓練高中老師來當孩子參與戲劇的後盾。

我們進一步強調，老師的角色除了找既有的老師，還可找戲劇有成者回母校分享，如此教育會更有效。這就成了紙風車後來找文化名人回母校演講的活動，像吳念真回延平中學、孫翠鳳回士林高商、郎祖筠回達人女中等。由於他們一方面有名，與表演關係密切，一方面又是學長學姊，效果都非常好。

我也和紙風車分享我在蘭陵舉辦舞台人才研習班示例演出的經驗，包括我會上台主持、講笑話等，請他們也要安排紙風車版的青少年示例演出，且要是各地高中提出邀請才前往。

紙風車一開始由文建會透過教育部發給各校公文，提醒有免費到校的示例演出機會，再由紙風車把申請演出及最後得到表演的學校排起來，做成台灣地圖行程，讓每縣市都有演出機會。現在紙風車三一九、三六八計畫常演的《紙風車幻想曲》中的〈起床號〉，就是當年的示例演出。

紙風車後來把青少年戲劇推廣計畫辦得很成功。一九九八年，他們挑選了嘉義高中作為種子學校，指派現在是「影響．新劇場」藝術總監的呂毅新輔導嘉義高中話劇社，效果很好；一九九九年李永豐指示推出「超級蘭陵王競賽」，讓青少年能有舞台出頭的機會，我當過好幾屆評審團的召集委員。嘉中學生受了戲劇輔導的影響也延續下來，曾在超級蘭陵王競賽奪得新人獎的汪兆謙與盧志杰等人，二〇〇三年在故鄉嘉義創立當地首個現代劇團「阮劇團」。

這整個計畫，不論是專業老師教導、各地巡演、示例演出、名人回母校，和我後來在政大EMBA上「領導與團隊」課一樣，都是以學習者為中心。

當年蘭陵的演員們，許多至今也都活躍舞台，每隔十年舉辦蘭陵回顧時，都仍能看見他們，只可惜李國修早一步走了。每次聽他們回顧從蘭陵開始的演員生涯，我都深感蘭陵呈現出台灣四十年來戲劇發展的軌跡，正如他們描述的如同一部台灣戲劇斷代史。

蘭陵劇坊創始團員、當過台北藝術大學戲劇系系主任的馬汀尼，在二〇一八年演出《演員實驗教室》的節目單上說，蘭陵劇坊之於他們不是桃花源，更像是契訶夫筆下的「櫻桃園」，說我是陪了他們四十年的大家長，一直給予開放自由、沒大沒小的空間。我很欣慰的是，馬汀尼也描述了這園內曾果實纍纍，自稱是那樹上的果實，「而今仍是那懂得醃漬櫻桃的工人」。這說明蘭陵人的代代傳承。

回想我小時，因為羨慕演員不害羞、可以自由表達，從歌仔戲愛上戲劇；又因鄉村資源有限，深感美感教育的重要，以致因為辣媽媽和心理學的經驗，因緣際會與蘭陵產生這麼密切的關聯。但我一直很清楚，戲劇是蘭陵人和其他以「戲劇為生」的所有人的生命，但不是我的生命，只是我的客串人生。

我深知，我這無圍牆的教育工作者，主要的教育場景一直是教育心理學，蘭陵只是與這相關的另一個「教育場景」，是我的「生活情趣」。我真正的奉獻，是把跟心理學有關的這套演員訓練法帶進來，讓蘭陵團員找到一個方法，可以據此發展，這其下的基礎，則是當年戒嚴台灣最需要的自由與平等。

回想起來，我在蘭陵階段，其實只一直像鮎鮘在井裡「和稀泥」而已。但我非常欣慰看到，正如《演員實驗教室》不只是演員的實驗教室，而是台灣很多人的實驗場域，蘭陵在當年的台灣，也正以戲劇力量，扮演突破傳統威權氛圍、追求自由藝術的角色。這段經歷，就如我這生最後藝術的說帖，之後也在我政大的創造力課程中起了很大作用。

第九章　學術交流祕辛

一九七八年台美斷交，是許多人至今震撼難忘的歷史大事。我人生的大轉彎，也跟台美斷交有關：一九七七年，我辭去政大教職，應邀成了美國在華教育基金會的執行祕書。我會做這個決定，原因之一是我知道台美即將斷交，而初三就夢想「外交」生涯的我深信，基金會做的台美學術交流絕不能斷，唯有如此，雙方人才才能繼續交流，並幫助台美彼此了解，促進和平。

這個大轉彎的機緣，發生在我在美擔任傅爾布萊特計畫交換教授的尾聲。當時，負責傅爾布萊特計畫的美國在華教育基金會董事會做了個決定，想找我來接基金會的執行祕書。這基金會董事會成員一半是台灣人，一半來自美國政府，其中有人在美國政府做過高官，知道美國遲早會跟中國建交，可能會影響到美國在華教育基金會，一方面覺得我很適合，另一方面，我本人正在美國，可以趁回台前和美國國務院先交流，就來找我。

我那時依稀覺得，美國對台斷交已傳言多年，似乎到了最後時候，就找了許多相關人士確認。我問他們時，告訴他們不用講話，只要根據我問的問題搖頭或點頭就可，第一個問題是美國是否已在跟中國密切接觸準備建交？有些人會點頭。第二個問題是如果台美真的斷交，美國在華教育基金會會不會停止？大家就比較不知道。

這讓我覺得，若我答應去基金會，好像有點誤上賊船，進了個會被放棄的機構；但我又想這是個挑戰，考慮的結果決定接受。這個基金會是美國在台設立，所有業務都可說是種學術外交，對從初中就想過當外交官的我，彷彿是少年夢想成真。

這也跟我當時度過「恐慌的三十七歲」、決定自我定位為「無圍牆的教育工作者」有關。我想，我既自許無圍牆，就該跳脫傳統角色限制，沒必要固定在特定學校和系所教書。像美國在華教育基金會，其實也是教育工作者，他們的工作如獎助台灣人才進修、大學教授交換、學者互訪研究、輔導台灣學生去美國留學等，不都是在擺渡、在培育人才？而且我離開特定學校，也才能更自由跨界，把教課、演講的對象擴大到整個社會。

在這些刺激我轉入基金會的「拉力」外，也有讓我想離開教職的「推力」。當時，政大校長歐陽勛因為學生各項問題很多，認為我既然跟學生相處不錯，應該可以改善狀況，想找我去做訓導主任。但我很怕，因為這個位子大家爭來爭去，我怕被說成是其他人做不好，所以叫我去做。

我人生中常被找去擔任一種角色，就是每個地方總要有個公嬤、神主牌，或說是精神領導，「讓大家不敢罵」，但我其實自認無力行政工作。像有次有個計畫，要找很多人來寫，我就會被認為最適合寫，但我又因為太忙、沒時間寫，別人就會說那你口述、別人紀錄就好。我往往都得配合這些狀況，來調停、平息各種紛爭。

就在這些拉力與推力之間，我很快決定轉到基金會任職，同時滿足我「無圍牆教育工作者」和從事文化外交的願望。歐陽勛問我要不要借調就好，但我覺得，我既然決定要朝另一個方向走，就該破釜沉舟；何況我若不走，學校就不能進用新人。

當時，「傅爾布萊特」這個招牌在全世界都很管用，只要得到這個獎學金，就能享受極大幫助，甚至本來進不去的機構，都進得了，全球有五十幾個國家都設有相關教育基金會，一百多個國家未設基金會卻也執行交換工作。不過，由於我剛進去一年，台美就真的斷交了，我立即得處理即將發生的變化。

話說「傅爾布萊特計畫」，是根據一位美國參議員傅爾布萊特的提案，在二次大戰後，一九四六年成立的。美國在二戰期間借給很多國家物資，但這些貧窮國家在戰後還不起錢，傅爾布萊特就提案建議就地變賣這些剩餘物資、兌換為當地貨幣，專款用來資助美國與當地的教育交流。

傅爾布萊特認為，這樣既可透過教育交流增進相互了解，促進世界和平；也可提升這些窮國的經濟水平，讓它們未來有機會向美國買東西，達成互惠；還能幫助這些國家民主化。他這提案受到國會支持，政府開始規畫在這些國家設教育基金會，項目包括讓美國教授在各地培養人才、也讓美國年輕人到各地去了解文化；獎助這些國家的教授或助教來美國研究或進修、年輕人來美念書等。

至於組織方面，美國規畫設立董事會，負責決策；預算則一方面來自美國預算，一方面來自各國變賣美國剩餘物資所得。由於這些國家較貧窮，美國也決定基金會剛開始都由美國出錢，等各國經濟成長後，再與美國各出一半交流費用，共同執行計畫。

一九四七年，美國在中華民國南京成立全球第一個教育基金會，第一任執行祕書是美國漢學家費正清的太太。一九四九年，國民黨政府遷到台灣，這個基金會暫時停止，直到一九五七年才又恢復，齊邦媛教授就是在台復設後的第一批得獎人，在一九六四年訂立交換條約。發生在十四年後的台美斷交，可說是基金會在重新恢復後遇到的最大危機，而負責讓基金會重生的，只能靠「政治白痴」的我。

我遇到的第一個難題，就是美國既然與「中華民國」斷交，不承認這個國家存在，改與「中華人民共和國」建交，那麼美國在華基金會所指的「華」、英文名字中所有的 Republic of China，就被迫改掉。

我為此想了十個名字，讓董事會選，其中有照列中華民國、台灣甚至中國的，也有什麼國名都沒有的，並把這名字放到第十個。當時我想，美方不承認「中華民國」，中國又會立刻聯想到「中華人民共和國」，「台灣」則雙方都不會同意，董事會一定會選這第十個。果然，這第十個成了基金會現在的名字「學術交流基金會」（Foundation for Scholarly Exchange）。

那時我們繼續維持這個基金會，真的是戰戰兢兢，因為美方擔心被大陸抗議，也擔心被台灣埋怨美國的人民、乃至不認同的美國官民抗議。儘管從多年成果看來，基金會真的幫助很多台灣年輕人赴美進修交換，我也是受惠者；美國人也更了解台灣的社會與文化狀況，並得以與中國做出對比。

然而來自台灣民眾的挑戰，果然還是來了。

那時基金會辦公室設在南海路美國新聞處（後更名「美國在台協會美國文化中心」，二〇〇七年起改設二二八國家紀念館），一九七九年一月，有群台灣學生來美國新聞處抗議台美斷交，大喊「丟雞蛋」。我站出去，剛好其中有幾位學生認識我，問我怎麼會在那裡？

我告訴他們，這裡也是學術交流基金會，由台美共同成立、我負責，可以幫

南海路美國新聞處，後更名「美國在台協會美國文化中心」，二〇〇七年起改設二二八國家紀念館。在學術交流基金會的日子，能嘉惠年輕學子是我最大的安慰。

助台灣教授赴美教書學習，幫留學生到美國進修，「你們認為這是怎樣的機構？」他們安靜一下，有學生喊「往前走」，就沒再丟雞蛋。

更大的挑戰是，由於傅爾布萊特計畫原先來自美國政府機構，但美國現在不承認中華民國，執行上遇到很多困難。比如居間單位的法律人員會認為台灣不是國家，相關法律從嚴；預算撥用也得透過美國在台協會ＡＩＴ。這些困難，我都儘量疏通。

像美國教授來台時，若根據美國法律人員解釋，期間只准到台灣、不能去大陸，但我會允許他們在台時間的五分之一、也就是兩個月的時間去大陸做研究。

我的想法是，美國教授遠從千里而來，若不能看到大陸情況，就沒法進而比較台陸不同。更重要的是，許多人的研究內容需要兩岸資料佐證，比如研究三〇年代的上海電影，當然該去當地看；而很多重要資料其實在台灣的國史館、黨史館，不在大陸，學者去了之後，才會真正了解大陸沒有這些資料。

我就這樣「先斬後奏」，放寬條件了兩、三年，之後在全球基金會的聚會中，才報告我們的創新作法及其成果。大家聽了報告後，覺得效果很好，以後就變成光明正大進行。

獎助金降低也是個大問題。台美斷交後，雖然美方還是給予基金會支援，但就單一人次來說獲獎金額變少，偏偏我們交流事宜分屬許多單位，簽約是外交部負責，學術交流是教育部負責，不像美方都由統一單位處理，因此遇到問題不知該誰來關心，我只好自己來。

我採取的方式是給部分獎學金而非全額，不足部分與其他單位合作，儘量擴大獲獎的人次。這樣做有個好處是，美國因為每多一人交流就得多給仲介機構一定額度，最後美國的實物貢獻（In-kind contribution）會增加。只是要努力補齊每人不足的金額也是很辛苦，得去跟不同政府單位和大學爭取補助，或幫受獎人向美國大學申請獎學金等。

例如，我因為知道當時的台灣大學校長不是選出來、是指派的，權力很大，手邊可掌握一定名額，我就儘量請校長或系方提供他們沒用完的名額和薪水，我們因此省下來的部分就可拿去支持更多人。

台灣去美國的博士生，我們則在給部分獎學金外，也幫他們向美方申請獎學金，這樣我們就也可增加獎助人次。

我也找國家科學委員會幫忙。我碰過幾位心胸比較開闊的國科會主委，他們了解交流重要性，尤其知道「借力使力」的原則，借用傅爾布萊特力量使交換更具意義。台灣的教授可以分別向國科會和學術交流基金會申請獎助，兩邊各有評審機制。我們會配合國科會各單位適當調整，儘量讓每個人有機會獲得更大效益。一方面讓得獎人增加傅爾布萊特額外機會，另一方面則可因此增加總人數，在台美關係曖昧的情況下，讓台灣在傅爾布萊特的世界地圖上之可見度增加。

獎學金的評審過程向來是先由評審委員會過濾申請者資料，並考量既定的標準後，選出面試人選，再由台、美評審共同決定最後得獎者。不過，美國教授評審對參加過學生運動等政治和非正式經驗的申請人往往比較感興趣，我們政府代表則比較保守，有時美國教授發現台灣評審對某些雖然優秀、但非正式經驗豐富的申請者沒好感，還會幫忙講話，我也會協調。

有時美國教授提出的問題太敏感，我也會拉回來。像在戒嚴時期有次一位美國教授問申請人究竟主張台灣獨立或統一，我趕緊請美國教授記得「這是台灣，不是美國，他們回答這類問題會攸關性命」。

為避免優秀者因為各種因素遭淘汰，我還會多增加部分獎學金名額，儘量讓多一些人透過美國大學等獎學金機會出線。

我還有個重要改革是，讓藝文人士也能拿獎助金。學術交流基金會早期都是主修理工科的拿獎學金，一九六八年國科會成立後，初期也以理工醫農為主，基金會就改以社會科學包括管理、經濟、財政等領域為主，連續幾屆財政部長從郭婉容、林振國到邱正雄，經濟學家擔任過國防部長的孫震，都是傅爾布萊特得獎人。

不過藝術領域人士，直到一九八〇年代後期都沒人拿過獎助金。當然，真正好的藝術人不見得有博士學位，沒辦法符合當時交換教授的條件，也是另一個問題。我深感文化藝術不僅在台灣被忽略，在國際交流上也比較不被重視，開始展開改變。

我先跟當時國科會人文社會處長、經濟學家華嚴討論合作可能。她對藝術很有感覺，很認同這個問題，我們共同促成舞台藝術領域的美國藝術家來台教學並與台灣藝術家合創作品。開啟了這一條路，慢慢便可將藝術列入國科會補助的項目。如此，藝術界也才能正式先進入教育類，再獨立成類，讓台灣藝術人才也能出國研究進修和交換。

我還利用傅爾布萊特名義，跟文建會、文建會底下的「文化建設基金管理委員會」以及國家文化藝術基金會等三個機構合作，來促成更多藝術家台美互訪。一九九三年，我正好同時擔文建會委員和文化建設基金管理委員會委員，開始運用「計畫交換計畫」方式來推動藝術交換。像當時陳奇祿擔任文建會首任主委，申學庸是藝術處第三處處長，我就先跟申學庸講好，由學術交流基金會先給藝術家部分補助，我們再寫信給陳奇祿，說因為我們錢很少，需要其他單位補足，讓文建會來幫忙；藝術家若是得到國外機構邀請，我也會請政府補足需要的經費。

在靈活運用這些策略下，我們送出去許多優秀的文化人士，好幾屆北藝大校長都跟我們有關：北藝大第一屆校長鮑幼玉是我們董事，第二到第五屆的校長馬水龍、劉思量、邱坤良、朱宗慶，都拿過傅爾布萊特獎助金。文建會前主委陳其南、雲門舞集創辦人林懷民，也是傅爾布萊特得主。

這些受獎者，也都在日後提到這些經歷對他們的幫助。像馬水龍在傳記裡談到，他在以傅爾布萊特訪問學者身分去哥倫比亞大學時，在一場訪問學者聚會中聽一位美國音樂學者問他「為何不嘗試讓別人認識你們」，才在紐約舉辦了首場東方人開的音樂發表會，成了他一生的轉捩點。北藝大後來頒給他榮譽博士時，他還一直要找我去介紹他。

林懷民也是在赴紐約期間，到紐約大學研習表演理論課程，並在林肯中心理解如何募款。二〇一八年傅爾布萊特獎助計畫宣布增設文化專類，林懷民分享，他一九九三年作品《九歌》結合日本雅樂、印度音樂等多元文化，就是在紐約所見。

朱宗慶也常說他拿傅爾布萊特赴美前，本來有點徬徨，到了美國才又活起來，把朱宗慶打擊樂團做得更大。為此，他總說很感謝我，後來他在當北藝大校長任內，一直找我開課，但我覺得藝術並非我專業，實在不敢接受。

齊邦媛教授也得過傅爾布萊特獎學金，並在《巨流河》詳述其中經歷。她在書中指出，當時全台生活都很苦，貧窮如她對能去美國且進修，覺得「似真似幻，激盪不已」。我也好幾次聽她談到，在台灣當年困局時，傅爾布萊特這種學術交流活動極為重要，是去掉政治包袱、跟世界作朋友的學術與文化外交，讓台灣從交流中，更了解自己的定位與跟世界的關係。

跟國藝會的合作，則主要是讓藝術行政管理者赴國外研修，不少美術館和藝術管理相關人士，都拿過這個獎學金。

我在負責學術交流基金會期間，也同時要擔任夏威夷東西文化中心的台灣代表人。東西文化中心是美國政府一九六〇年設在夏威夷大學裡的獨立機構，以東西交流為目的，但也跟這大學合作，比如亞太地區學生若得到中心獎學金，也必須得到該大學的入學證明。前總統李登輝、前台灣省議會議長高育仁、前新聞局長、駐梵諦岡大使戴瑞明等人都拿過這獎學金。

在東西文化中心獎學金中，還有種短期研究，目的是培養與美國友好的亞洲領導人物，中視前總理曠湘霞、美裔台灣人權運動者艾琳達、天下雜誌群董事長殷允芃、政大講座教授汪琪等都得過。從這些獲獎名單來看，不難想像這獎的重要性。

由於學術交流基金會、東西文化中心兩大計畫做得很成功，相關計畫越來越多，首先是韓福瑞獎學金（Humphrey Fellowship）。

一九七八年，明尼蘇達州選出的民主黨參議員、副總統韓福瑞（Hubert Horatio Humphrey）辭世，美國國務院為紀念他的貢獻，在傅爾布萊特計畫下另外成立韓福瑞獎學金，專門獎助各發展中或落後國家政府機關的中層管理者到美國明尼蘇達等大學蹲點半年，然後再依每個人的學習目標進駐相關機構。

這項獎學金提供給各國人才，但台灣因為不被認為是國家，一開始沒被列入。我就去找一位曾來台拿過獎學金、後來成為美國傅爾布萊特基金會董事的年輕人，請他幫忙爭取。我們也寫信給韓福瑞獎學金協會，說獎學金對象應納入台灣，這樣台灣經濟起飛的經驗才能讓其他發展中國家有機會面對面學習。最後在伊利諾州選出來的參議員裴西（Charles Percy）奔走下，台灣成為韓福瑞一員，而且人選全由我們決定。

爭取到這資格，我當然高興，但也很擔心，怕任何政治人物去那裡，都會引起不必要的難題，後來我請很敢講話的林健山代表台灣去競爭，他果然順利拿到。這中間有個插曲是，受獎人本來應該在白宮由當時的雷根總統頒給參與證書，結果行政人員看到林健山來自台灣，竟沒把他列在名單上，林健山就「理直氣和」地去抗議，最後也拿到了。

現任交通部長賀陳旦也拿過這個獎學金，當時他在台北市府交通局工作，很喜歡騎腳踏車遊台北，對台北交通建設有其腹案，可是寫計畫案沒被接納，就想申請幹福瑞獎學金去國外研習。後來他順利拿到，卻找我說他不想去，原因是反正最後得回交通局，仍然無法發揮。

我就跟他說，他不用回到任何原職，只要回台就可，地點沒有任何規定，我可以完全做主。我還跟他沙盤推演：如果他提的計畫被接受，他就有理由留下來；如果他的計畫沒被接受，想離開，局裡應該很開心，所以根本沒什麼好牽掛的。後來他回台後，提出的計畫果然沒被接受，他就離開了。

著名的路思義基金會（The Henry Luce Foundation）也找我們幫忙處理獎學金。這個基金會是由時代雜誌創辦人、路思義教堂捐建者路思義（Henry Robinson

Luce）創辦的，他們在一個推廣國際教育的非營利組織「國際教育協會」IIE成立路思義學者計畫（Luce Scholars Program），讓亞洲地區中層女性幹部去美國做四個月訪談，好促進彼此交流，人選也由我們決定。勵馨基金會執行長紀惠容、監察委員田秋堇、台灣好基金會執行長李應平，都拿過這個獎。更有趣的是，當時大陸沒什麼非政府組織（NGO），很難找到對的人，我反而變成「知者」顧問。

我們還成立「美籍英語教學助理」ETA計畫。那時台灣教育正要往下扎根，但英語老師不多，我想我英語發音不好，跟小時資源缺乏有關，就想該從小學起營造語言集體環境，讓孩子自然學英語，不怕開口說英語。

我們這計畫的內容，是以傅爾布萊特的名義，引進經過三階段挑選的優秀美籍英語教學助理，和台灣老師一起進行協同教學（兩位以上教學人員組成一個教學團）。我期望，這些外籍老師在貢獻英語、文化背景與活潑個性外，也能吸收台灣風土人情，成為來回台灣和美國文化的擺渡人。

這計畫從一九九五年開始試行，不過要到二〇〇二年才正式辦理。第一年進行計畫時，我們申請了三個名額，都是亞裔；還有一個白人是備取。我們一貫的作風就是彈性執行增加機會，就讓這個非亞裔的美國人也錄取，特別挪出基金會行政費用，給他部分錢，最後計畫結束時，這位美國人留下，他可以名正言順加入行列。他就是至今活躍台灣媒體圈、屢獲金鐘獎的阮安祖（Andrew Ryan）。其中一位叫 Bernie Liu（劉至昱）的亞裔得獎人，回美取得法律經濟學位後，又回到台灣進入創投行業。

由於第一年很成功，二〇〇三年我們就以宜蘭縣為據點，擴大邀來九位美國年輕人教英文，效果很好。之後高雄市教育局長鄭英耀也希望透過此計畫增進高雄的英語教學。我還告訴宜蘭縣府和高雄市府，韓國有英語村，他們馬上去看，後來先在高雄市一間廢棄教室成立英語村，宜蘭縣也在一個國小成立，之後金門、台中、台東、花蓮、台北都跟進，現在規模更大，彰化也已入列。

蔣經國基金會的誕生，也與學術交流基金會有關。

一九八七年，我們慶祝四十周年，委託中央圖書館辦活動，也想邀美國總統任命的傅爾布萊特委員會（J. William Fulbright Foreign Scholarship Board）主席前來。但他是否能來，必須先呈報國務院同意，結果國務院因為他是要來中華民國，不予同意，但他改以學者身分來台參加紀念活動。

恰好駐美國台北經濟文化代表處的文化組組長李慶平，也央請北美事務協調委員會駐美代表錢復在美舉辦傅爾布萊特四十年研討會。由於活動委託民間團體主辦，原本不能來的美國政府人員都可以來，活動辦得很盛大，大家也都覺得很有意義，李慶平就建議錢復代表台灣應該成立一個基金會，來舉辦台版的傅爾布萊特交流計畫，好以中華民國為主，展開跟美國等國的聯結。

我因為負責在台的傅爾布萊特計畫，也參與這項計畫，常跟教育部長李煥、美國在台協會AIT主任丁大衛聚會，讓他們了解我們如何執行傅爾布萊特計畫。這個交流基金會成立時，蔣經國剛好過世，名字就用「蔣經國交流基金會」，但它之後的發展就跟我無關。

另外，亞洲文化協會（AAC）台北分會也曾找上我。

亞洲文化協會是美國企業家洛克菲勒家族（John Davison Rockefeller）在一九六三年創立的亞洲文化計畫，一九八〇年後成為獨立運作的基金會，定名為亞洲文化協會。他們由於想進行台美間更多藝術交流，看我帶領也是立基台美兩邊的學術交流基金會，執行長 Ralph Samuelson 就想找我成立台北分會，但我覺得自己不適合，就建議他們最好找認同洛克菲勒家族的人募款，然後由他再邀請好友加入，台灣畢竟和美國不一樣。後來台北分會如願成立，第一任執行長是鍾明德。

我在學術交流基金會任職三十二年，執行祕書很快變成執行長，一直到二〇〇九年七十歲才卸任。我會動念卸任，跟一件大事有關，這也改變了學術交流基金會。

當時我們有部分經費來自國科會，國科會官員也跟傅爾布萊特基金會借力使力，希望讓更多台灣人去美國研究交換，對方也可以有更多人過來。不過因為科技領域向來重視發表論文，但很多藝文人士是靠創作，後來科技人雖然慢慢接受這種情況，還是免不了會有人質疑，跟大學教授要升等得看發表多少論文，情況很類似。不過幸好歷屆人文處長，如華嚴、王汎森和國合處長，如楊啟航都很了解。

然而二〇〇八年，國科會國際合作處處長提出疑問，他認為國科會給補助的基金會，必須是在台灣登記的團體，但學術交流基金會是一個雙方訂定的條約下成立的組織。這在當時變成很大的事件，讓我困擾得掉頭髮。

幸好當時外交部北美司科長曾厚仁很了解其中國際關係的脈絡，教育部范巽綠也很明白，最後找行政院長游錫堃出面，召集所有相關單位開會，做了以下討論：一、台灣如果成立我們這種型態的基金會，董事會的董事有一半以上需要是國內人士，董事長一定得是台灣人，但如果這樣，就違背簽約意義；二、這是兩國共同成立的團體，就像婚姻不能說屬於誰的一樣。至於該怎麼做，得請教法律專家。

我們最後請來也曾拿過傅爾布萊特的律師李念祖，他建議我們必須重新定位成國際團體，雙方才能自由交流，並替我們擬定交換信件。解決這問題後，我就決定退休，雙方也正式成為國際組織，兩邊政府都保存交換信件。可喜的是，學術交流基金會不斷越做越大，二〇一八－一九年度台灣一年赴美共六十九人，美國來台者包括一百一十二位ETA共一百五十八人。

二〇〇九年，我從傅爾布萊特基金會退休，美國國務院贈給我感謝狀，謝謝我促進台美傅爾布萊特文教交流；二〇一七年，傅爾布萊特成立「吳靜吉傅爾布萊特藝文獎助」（Wu Jing-Jyi-Fulbright Arts and Culture Grant）。我擔任學術交流基金會三十二年期間，同時仍在做很多事情，一般人會混淆我的角色，但我從來不會。每個人都有一些人生哲學在指引自己方向，尋找自己的定位，我想我能這麼篤定，是因為我早早意識到自己來自三叉口，命中就是要擺渡、交流、媒合，這正是我在學術交流基金會做的事。

第十章　無圍牆的教育

我從一九六五年在明大擔任兼任講師以來，從事教育已半世紀。雖然我在一九七七年才確立「無圍牆的教育工作者」的定位，之前任教其實都已思索如何融合心理學、戲劇、藝文等看似不同的領域。我最喜歡的，一直是教育工作，我想，只要堅守以創造力為主軸、秉持學習者中心的教育理念，我就可以扮演超脫任何分類的媒介角色，促進我傳遞的知識與各領域擦出火花。

這樣對「無圍牆」的堅持，跟二十一世紀後，越來越普遍的「混血（hybrid）」、「拼湊（bricolage）」「跨界」、「跨領域」追求，還真相似。不過，我在「無圍牆」之下還有個信念是，我相信人人都很聰明，都有其獨特的智趣和經驗，教育應該從互動中長出，而非只從上對下灌輸。如此說法，也影響當年遠流出版社宣告要在社會扮演「沒有圍牆的學校」的角色。

一九七五年，我參與王榮文創辦遠流出版社時，雖然還沒確立自己「無圍牆」的定位，但就是用「教育工作者」角度。

我跟王榮文結緣，要從我在紐約教書時說起。當時有本留學生辦的《聯合》雜誌邀我寫稿，前東吳大學劉源俊扮演重要角色，鄭心元擔任總編，我寫了篇文章談學術混血，比我小十歲的王榮文那時念政大教育系，擔任系上《杏壇》雜誌總編，寫信請我賜稿，我說我有兩篇文章可以轉載，其中之一是講「學術混血」。他很高興，回信說學術混血讓他了解各種資源的整合，對他很有啟發性，還說他認為出版業也是這樣。

一九七二年我回台後，租的房子就在戲劇家姚一葦旁邊，王榮文那時剛當完兵，說想當我的不支薪助理，我就免費讓他住我家。那時王榮文就想成立出版社。

我思考，主張人至少有八種智慧、反對只看IQ的哈佛心理學教授加德納（Howard Gardner）曾說，領導不見得要直接領導，可以透過著作領導；同理，出版也是做教育工作，是種沒有圍牆的教育。我就跟王榮文說我的看法，告訴他當老師不見得要在課堂上才叫老師，鼓勵他創辦出版社。

與王榮文熟識超過 40 年，出版不少好書，更一起耕耘台灣文創產業。上圖攝於 2018 年，左下圖攝於 1989 年。（王榮文提供）

我家，就這樣成了王榮文開展出版事業的起點。

那時是一九七四年，王榮文和熱愛文學、也想做出版的青年沈登恩，以及念台大心理系、後來成了科技公司董事長的鄧維楨，一起在我家成立遠景出版社，沈登恩也在我家住一個月。不過不久後，由於三人興趣不同，沈登恩想出版文學名著、王榮文範圍較廣，就決定各自成立出版社，大家還用「遠」字幫王榮文的出版社想名字，王榮文和我都選中「遠流」。

一九七五年九月遠流出版社剛成立時，我也是合夥人，出了一點錢，開始以教育概念推廣出版。為讓遠流甫新生可以幫我出書，我出版了心理學著作《心理與人生》，還請我因為主持華視節目《今天》認識的薇薇夫人整理她的專欄，變成《情感與人生》。這兩本書和吳祥輝的《拒絕聯考的小子》都在十月出版，讓遠流一出擊就創下銷售佳績與名聲。

王榮文在我家住一年，後來他在外面找了出版社辦公室，就沒住我這，但他一直幫我很多忙。我從首本著作《心理與人生》到《心理與生活》，乃至後來的《青年的四個大夢》，書名都是他取的，各種宣傳的漂亮字眼也是他寫的，這些書能轟動一時，他功勞不小。

沈登恩的遠景出版，我一開始也有參與。當時他們要出作家黃春明的《鑼》和《莎喲娜拉，再見》，想說該用哪本當創業作，我覺得《鑼》聽來有開始和響亮感，建議他用《鑼》，遠景也一炮而紅。

遠流漸上軌道後，開出作家李敖的主題書目，也累積了好些心理學相關書籍，我和王榮文、當時是趨勢評論家的詹宏志，覺得也該把心理學相關書目有系統地傳遞給大眾，有一回就在國賓飯店相約討論。一九八四年，「大眾心理學館」就此誕生。由我擔任策畫人，扮演專業知識與大眾心理的「渡船伯」。

我們規畫，基於現代大眾需求，心理學應該跳出學術高牆，成為解決人現世問題的方法，也就是「大眾心理學」。書系出書原則是「每冊都解決一個或數個你面臨的問題」，內容除了心理學最基本概念「了解自己」，鼓勵發展自己優點、發揮自我潛能、自我實現、自我和解外，也會廣談自己和別人、公眾、社會、組織的關係。

發表這新書系時，我們重新包裝之前出過的心理學叢書，首發第一年就出版四十冊，其中《夏山學校》和我的《青年的四個大夢》、《心理與人生》等十六本書，一上市就登上金石堂暢銷書排行榜。這事也成為當年度「出版界十大新聞」，書界都稱為「台灣的心理學旋風」。但這新書系對我最大的意義，仍是以教育角度，讓大眾化的心理學幫助更多人。

除了以出版從事教育外，我也繼續在學院任教。我雖然辭去專任教職，但仍有兼任，而且範圍越教越廣。在美國的經驗，讓我常有「為何台灣不能這樣做」的想法；因此我授課時，都會想要怎樣教才能發揮創造力，而不是因循傳統。

我在姚一葦介紹下去世界新聞專科學校（現世新大學）教「創造心理學」時，特殊教學法就意外改變世新大學規定。

當時世新規定每堂課要由專人另外點名，我覺得何必這麼強制，告訴系上我的課不用點名。有回世新創辦人成舍我因為「好奇」，來看我上課，沒想到他在窗外一看，椅子上半個人都沒有，走進教室，才發現學生都躺在地上，原來我正在教他們如何「放空」、「想像」。不點名學生就都來了，他便跟助教說我的課可以不用點名。

我上政大、輔大的教育心理系（現心理系）、企管所、管理所等課時，也常帶活動。前幾年輔大教育心理系慶祝四十周年，找我一起聚餐，都還談到我當年運用心理劇手法教課，非常重要且有趣。我這些結合戲劇、會心團體等技巧的教學，說來都是貫徹我以學習者為中心的教育理念。

一九七八年，許士軍找我在政大企管所博士班開「教學方法研討」，我也把學生帶到陽明山實際體驗「會心團體教學法」單元，學生包括後來成了教育部長的吳思華和企業家尹衍樑。

吳思華就曾說，我在陽明山上課時，有次要求學生回想人生遭遇，上課氣氛雖然輕鬆，但有位女同學分享時很投入，哭得無法自已，讓他暗想這下該怎麼辦？結果我不慌不忙，一面平復那位女學生的情緒，一面提醒大家用女性觀點面對此事，最後大家都明白問題出在家庭而非她個人，活動安然收場，讓他很佩服。

一九八〇年，中央大學校長余傳韜邀我開心理學課程，說他們的學生很需要心理學，結果我去上課時，發現選修的學生竟有四百四十三人，包括不能選課的學生，將近八百人，上課地點不得不從一般教室轉到大禮堂。當時學術交流基金會辦公室人員陳錦誠還緊急幫我送劇場音響來，讓學生能聽見授課，我也臨時調整教法，把講台當舞台、把上課當演出，好更凝聚上課氣氛。

那時由於上課人數太多，有學生會先用包包占位子，引起一些爭執。我不會用傳統老師講規則的方式，而是跟她們說，妳們不要因為我吵起來，若是妳們在戀愛中爭吵，比較有意義。我這種隨時把課堂變劇場的方式，沒有正式點名學生也都會來，應該是合乎教學樂趣吧！後來我堅持不教，是希望中央大學至少可以聘兩位專任的心理學年輕教授。

一九八一年，繼我一九七六年起在政大企業管理研究所開授管理心理學後，政大企家班也找我開管理心理學，後來輔大企管所也找我教。雖然是同樣的課程，但碩士班旨在教育培育，企家班則是讓企業家重新補充管理知識的營養，所以我的教學方式有些不同。

像我在政大企管所教課時，班上有不同組別，我就運用創造力測驗中的接龍方法，和心理學遊戲中的連鎖記憶，在學生自我介紹時，要其他組用介紹者名字當接龍方式，再用連鎖記憶法記下前面人的介紹；也可能用角色調換法，兩人一

我常在政大 EMBA 分享「創意團隊的發展」。

組、互相介紹，介紹完還要扮演對方。由於扮演對方時，一般會比較誇張、笑點多，就用這當成全班建立相互認同感的儀式。

在企家班，是我第一次正式在課堂上教企業家，他們多是創業第二代。我最早雖在美國辣媽媽期間參與亞美民權運動時，就跟企業家有接觸，回台後也應邀到許多企業演講，並教政大企管所，但要到此時，才真正與這麼多企業家深入互動。心理學家研究的主題其實很容易在企業發揮，戲劇方法也常應用在企業界，我就結合我喜歡的這兩者來教學。

那時我想到，既然我教這麼多不同學校、性質的學生，有時也不妨讓大家在一起上課。這樣企家班企業家擁有的經驗和管理智慧，政大、輔大碩士擁有的好讀精神，可以相互合作交流，在實務上也可促進彼此找未來的老闆和員工，達成媒合效果。後來這三個不同地方的學生就在公企中心一起上課。

他們一起上課的好處，在以下例子最能反映。有次，我給他們看一個分析北京、上海、香港和台灣人不同行為模式的研究，讓企家班同學中有大陸經驗的人站出來，再由沒經驗的同學去選有經驗的分組，各組帶開分享交流。

這樣安排，有三個好處，一是經驗的分享；二是有經驗、無經驗者的相互聯結；三是沒經驗的人錢少、有經驗的錢多，他們和企業家討論時，往往約在老闆辦公室或餐廳，不但能聽到專業經驗，也能了解對方生活方式。過程中，也有企業家談公司與家庭衝突，他們會從經驗中提供年輕人結婚時，也要把跟工作相關的因素考慮進去。

我也要他們寫從日常經驗談管理智慧的作業。有個碩士班學生寫他媽媽管理兒女的智慧，說媽媽從小不強迫他們掃地，但會在牆角放一元或十元銅板，他現在才知道媽媽這樣做從行為主義心理學解讀，是「增強」的應用。

一九九四年，吳思華創辦政大科技管理與智慧財產研究所，要我教碩士班學生「人際溝通與團隊合作」和「創造思考」課程，在博士班開授「創造力理論研討」等，也都常把戲劇、工作坊方法帶進課程，找諸如宜蘭礁溪、傳統藝術中心等地進行兩天一夜的課程，還可以順便讓他們坦誠相見（絕對是男女分開）。不過上完課，他們仍都得交團隊作業，例如負責理論的資料整理與報告。

我也會藉由課堂上男生、女生一起共同行動等方式，要求人人站在別人立

與吳思華（左四）參加創新與創造力研究中心成員的聚餐。

場，去同理對方的累；也藉由戲劇和心理學方法等來談人際關係。我會問學生兩個問題，當要新創事業或要娛樂時，最想跟班上哪三位同學一起？當時這些圖表，還是我的司機卓龍傑幫我畫的。

多年後，我聽當時的學生、現任台科大特聘教授兼所長的劉顯仲說，那些觀念對他很有啟發力，他至今留著這些講義；現任摩根富林明資產管理集團亞太區行政總裁的許立慶，還有華威國際科技顧問公司董事長兼總經理張景溢，也說我的同理心訓練讓他們受惠很多。

現在是群電公司董事長的林茂桂也告訴我，我談到我歸納出的台灣成功者四大F，分別是Father（父親，父族關係）、Face（面子，包括幫人顧面子）、Favor（人情）、Fate（命運或機會），對他影響很大。林茂桂說，他後來都會儘量顧慮員工面子，給人情也要給得有技巧。

我教課時，除了專業教學外，還很重視團體感的建立與認同。早在美國參加辣媽媽、帶亞美劇場時，我就會用戲劇方法讓大家感受自己是團體一員，也把這些經驗轉為後來負責的課程。這種結合戲劇和心理學的方式，在國外歷史已久，每個人帶這種活動時，都可以加入自己的經驗與創意，產生不同組合。

因此，我從教政大心理系和教育系起，就常在不同班別帶入這些方法，做為建立大家認同感的儀式。前面說在政大企管所教時，要大家相互介紹彼此，也是一例。

我這方法運用多年，到了一九九四年，吳思華創辦政大科技管理與智慧財產研究所，覺得這門課對新生很有幫助，可以讓師生互相認識、建立認同感、強化凝聚力，就委託我設計、主持三天一夜的「入所儀式」。當時這活動開在陽明山童子軍訓練中心，效果很好。

二〇〇四年，吳思華擔任政大商學院院長，決定進一步擴大這種儀式論，把EMBA原有的新生訓練，化為三天兩夜、一個學分的「領導與團隊」課程。他希望學生能透過一系列的儀式來認識不同組別的人、凝聚關係，最後為自己建立人際網絡、增加人力資源。當時EMBA執行長是溫肇東，由我設計課程，他點頭同意。

我規畫這課程有兩個目的，一是學生要藉由系列儀式認同領導人、團隊、

ＥＭＢＡ的角色；二是學生須要在課堂上閱讀、團隊活動、作業中，學會領導與團隊的知識與技能。後來這課程還變成四天三夜、兩個學分，政大企管所企管學程（ＭＢＡ）主任黃家齊二〇一四年也找我將新生訓練化為「團隊經營與領導」課程。

ＥＭＢＡ這堂課一次都有兩百多個學生，由學生自己組成二十個團隊，大家各自針對主題去競標，在過程中學習如何領導團隊、被領導。

由於課程地點都在外地，我會讓學生在上火車到目的地前就先展開儀式，由校長、院長、執行長、各組召集人授旗，宣告專車啟動。大家也要先交各自的生命年表、最想與人分享哪些書等個人作業，好幫助彼此認識，也達成儀式意涵。

大家總在車上就開始上課，包括組內彼此了解，建構出男女比例、行業、個性、特色等團體履歷；下車後，要在等入住旅館前就了解各組不同。晚上，大家再分享各自生命故事，內容須結合學術理論與時代變遷，凸顯出故事領導特色，每組都要找出一個講得最好的人。

我們也會談領導典範。有陣子大家常會舉張忠謀、郭台銘、賈伯斯等，我覺得要跟大家狀況比較接近學習的，有次就談鄉村銀行創辦人尤努斯（Muhammad Yunus），大家都很感動。我們再根據團隊表現，在二十組團隊選出六、七組，每組以十分鐘演出領導典範諸如尤努斯或團隊典範的故事。

我也會在來自二十九個國家學生的ＩＭＢＡ的領導與團隊課程中，請各國和台灣學生代表不同國家，應用ＳＷＯＴ分析，來盤點每國優點與弱勢、機會與威脅，再用口頭報告來跟大家分享。這樣大家都知道這些國家的大概，也能比較國與國間的特色與問題。

在這些活動中，各組不但分享自己做法，也看別人怎麼帶團隊。在競標主題方面，我曾請金獎麵包師傅吳寶春擔任客座老師，因此吳寶春的那組活動主題就是在全球開麵包分店。吳寶春分享、引導得非常好，後來他限於國內法規沒法讀ＭＢＡ時，我也在二〇一三年參與推薦給新加坡國立大學ＥＭＢＡ。

更多時候，我會讓學生自主，我認為學生若是自己發現新的知識、新的自己時，會很快樂，這也才是學習者中心的教育。

像第二屆，有個團隊上課時經過第二殯儀館，看到一大群黑色西裝帥氣十足的年輕人排列得有條不紊，原來他們每排都是一個堂口，他們就想到也可讓上課每個團隊都是一個堂口的代表，同學進上課時都會拿到一個堂口的名稱，每個堂口再選出堂主、副堂主，體驗創意團隊發展歷程。

這樣在活動結束時，還有師生共同參與的承諾儀式，前後共要交六份作業。近幾年，我還找來春河劇團行政總監郎祖明和紙風車表演學堂主任劉長灝、旅館餐飲博士王劭仁協助，在黃家齊老師的主持下，這個新生「入幫儀式」的教學帶領，課程評價都很高。

EMBA也接著開了由劉長灝與郎祖明主持的「創意、戲劇與管理」課程。我認為，所有管理人員都該知道創意重要性，管理更與戲劇很相似：從生命故事中組合成不同戲劇創作，跟經營管理關係時，將不同特點的公司組員組合成不同團隊，其實一樣；做一齣戲，也跟公司管理很像，裡面同樣有不同團隊，都講求每一分鐘要很精準，且要不斷調整。

二〇〇四年時，是要學生演現成劇本，如《荷珠新配》，但我們發現他們沒法子進入戲劇的角色，後來就改為以個人生命年表為根據，重新組合成創意劇本，這樣一個劇本中會有很多人的故事。每年我們都在六月上課，十月演出六、七組劇目。

這課後來大受歡迎，每年都有六十人來上，甚至有人成立傻瓜劇團到偏鄉巡迴，這都是團體在儀式作用下形成凝聚力的展現。到後來，大家還成立鐵騎隊，並做些社會公益。二〇一二年的校友徐進龍和他的團隊，更號召全台校友成立十二支腳踏車隊。

以前我從沒想過這些，有回看了《財訊》雜誌的報導後，才知這麼多企業家都對我的課很有感，實在很高興能用自己的經驗幫助他們。

全國電子前總經理蔡振豪上了企家班之後曾說，他以前很嚴肅，受了我說「讓人家開心，東西才放得進去」的影響，才轉變領導風格。有次他苦於人力容易流失，請我幫忙員工教育訓練，我建議他招募二度就業的中年人，他也真的採納。企家班學生格上汽車總經理陳世全在面試時加入性向測驗、開放一日便服，也說是受我影響。

除了上課外，我也帶同學跟社會互動。二〇〇八年ＥＭＢＡ十周年，當時李永豐的紙風車劇團展開三一九兒童鄉村藝術工程，希望向民眾募集在三百一十九個鄉鎮免費演出兒童劇的費用，很多地方沒人認養，我就建議EMBA學員和校友讓傳統的慶祝儀式轉化得更有意義，走出校園和走出五星級飯店，到鄉鎮去服務。

當時他們選定宜蘭頭城，規畫除了贊助紙風車演出，大家也在演前和所有EMBA的同學與家人聚餐，與地方同歡。我們也提供當地中小型企業健診，先請鎮公所問有哪些公司需要，猶如「專業商管的行動知識庫」的EMBA同學再以專業領域分組，提供賞鯨、農場等不同公司諮詢服務，他們的家人則去宜蘭觀光。

如此，這活動可滿足多個功能：更有意義的慶祝、了解在地、提供服務、跟家人同樂，所有活動的心得還可向中央和地方政府提出建議。

我做的這些，若以我《青年的四個大夢》所說的良師分類，應該比較像軍師。但正如我書中說的，仁師也很重要，或許下面這些例子會讓一些學生認為我是仁師。

半世紀來，我教了很多類型的課，但不論是哪堂課，我從不逼學生非要考到什麼分數。我深信，教育是過程，不能僅憑一次分數、一次考試決定對方生死，學生有時沒辦法做到，可能是有什麼原因，也可能是因為真的很沒興趣。如果他的天分和興趣真的在別處，為何非要逼他呢？所以，學生卡關時，我通常會給一些彈性，甚至曾為此說過兩次謊。

我的第一次說謊，是為一位南部鄉下來的男學生撒的。

當時他在中央大學選修心理學，學期結束時，面臨死當退學。同學們來求我讓他修我的科目及格，我想這男生應該是全家都指望他，只是他在花花世界迷失自我，如果一旦被開除，結果實在太可怕，就做了兩件事：我借分數給他，但要他答應做幾項作業；又去跟校方說我寄出的成績打錯了。當時教務長好像知道我要幫這個學生，說「您真的很和善，有教育家的風範」，不過這個學生好像不知道有這樣的過程。

後來，我又為一位碩士生撒謊。這學生的學術成績不錯，人際關係也很好，但在我班上的學科考試沒考好。碩士要七十分才及格，我打六十八分，跟他熟悉的助教來幫他說情，嘆氣說「他有他的難處」，我聽了覺得他可能真的有什麼困難，就跟學校說我打錯分數，叫這位碩士生補交報告。後來他就拿到碩士，也一路拿博士、獎學金，成為正教授。

我還會「借」分數給學生。我在輔大教教育心理學時，有位女學生因為談戀愛的關係，上學期不及格，我沒直接當掉她，而是要求她寒假必須做功課，並簽下欠分數契約，由助教當見證人。她下學期就把分數「還」給我。

當時學生都說，我的要求很嚴，但給分數慷慨，這是因為我覺得教育既然是過程，就要看一路的改進，如果改進了，就該過關。作家海明威、費茲傑羅的編輯柏金斯（Max Perkings）給他們很多建議，這些文豪都感謝他，我認為，老師對學生也應該這樣，讓對方知道怎麼改。

老師因為角色的權力和資源，除了在學業上幫助學生，也可在許多方面幫忙。我在政大教書時，有位學生讀教育系，常評論社會和教育現象，被學校處分開除。他爸媽來找我幫忙，我跟他們說，如果是我去拜託，效果可能不大，要找國民黨裡面有分量的人比較有效。後來政大有另位非常欣賞他才華的老師去講，總算把開除轉成退學，他才有機會轉念淡江，再進師大歷史所，之後到大學當專任教授。

也是在政大時，在後來轉新聞系的焦雄屏那班教育系學生，有些女同學有一回在公車上看到一位歌星，很興奮，結果車子突然剎車，其中一個女生沒抓穩、坐到政大訓導長腿上。大家很害怕這女生被開除，一群人跑來我家門口，哭著要找我幫忙，我一位弟弟剛好從外面看到，還以為我死掉。

我後來就問系主任說，如果這些女學生在車上看到她們喜歡的同學在電視上出現，結果因為車子剎車而摔跤，你覺得這樣有什麼問題嗎？他說沒什麼問題，我就說明當時學生遇到的狀況，問說是不是可以請你們幫忙，他就說可以幫忙。我會想到這樣做，不是因為我反應快，而是我先想過對方可以接受的反應，用創意來處理。

在教書外，我也擔任過很多論文、教師升等的評審。由於我從小的經驗，我一直深知評審、也就是守門人的重要性，因為評判誰比較有創意和表現，評審是重要決定者之一。

相對於老師，我認為評審考量的要更多一點，要有善良之心、明辨之理，要考慮得更周延。有次一位講師要升副教授，提出的論文其實沒有很好，但我考量校內有些正教授的論文並不如他，他若進不去，該系作出的決策品質會更差，所以最後我基於相對標準而非絕對標準讓他通過。

我因為自我定位成無圍牆的教育工作者，教學範圍也不只在校內，還擴大到政府、企業。一九八〇年代，台灣經濟起飛，政府規定各單位要邀請學者專家演講來訓練員工，開始在企管系教的我，頻頻受邀到政府、企業演講。

當時，像福特汽車、松下企業等重視員工訓練的外商公司，都找我講創造力、自我了解、領導與團隊等課程，我就跟企業界越來越熟悉。

邀約越來越多後，我也做出準則：一般訓練不接，但我因為在商學院開課，需要了解新變化，因此我若想了解某特定行業，就會接。這樣我可以一面教導他們，一面從工作坊中員工所談經驗，來更了解這個行業。這些演講、工作坊，還延伸到香港、大陸、新加坡。

在教學過程中，有些部分我以前雖然不見得知道，但就享受吧。我一直認為，社會變遷太快太大，知識的增進也越來越多元；我們必須要能學新東西，和本來就會的東西融合，我心驚膽顫地整理創造力、自我了解、人際溝通、領導、團隊、戲劇和智能等，再把重組出來的新東西與人分享。

我也擔任一些公司的顧問。最有趣的一次經驗是，有回一家家電公司想建立區分管理和技術專業的新制度，並從上課的十二人中找出總經理接班人，我就安排他們去墾丁上課，也觀察他們的處事和管理模式。

正式上課前夜在餐廳裡，我聽他們談話，有人說太太在學校做輔導老師，參加過心理劇課程，班上當時大部分人都哭了，讓他覺得這堂課太可怕了，男人要怎麼哭？當時他不知道我就坐在他們身邊。正式上課時，我講出來，他們都很驚訝。從這件事顯現，如果你想當總經理，一定要有基本的人際敏感，該說的話才能說。

我也會請公司找這些主管的太太一起晚餐，並訓練他們用優點轟炸法，要他們對太太說出優點。直接表達之後，太太都非常感動。

還有次，由於太太們抱怨先生都在外面，我就請公司允許他們妻兒都來參加活動。小孩在車上吵鬧，我就設計身體變化活動，讓小孩安靜下來嘗試；又安排太太們一起知性聊天。這樣他們都很感謝家人，彼此更加了解，工作上也更順暢，終於讓家人親眼看見「工作坊」真的在「工作」。

一路走來，我常想起柏林前市長沃維雷特（Klaus Wowereit）二〇〇四年說的話「柏林雖窮，但是性感」。東西德合併後，柏林在國際大城市中算是貧窮的城市，這位市長此話正標舉出資源不足下，創造力的重要以及會有的自信。我覺得，台灣的教育也應該像這樣，儘管因限制太多，創造力還很貧窮，但這貧窮也正是機會，只要能突破圍牆，一定能自由發揮，創造新局。

第十一章　走過官場大觀

二〇一八年四月揭曉的國家表演藝術中心第二屆新任董事，我忝列其中。這幾年我其實已較少在官方單位擔任角色，因為我認為到了這時代，應該讓更多中生代和年輕一代參與；我有時之所以願意接任一些職位，是覺得有年長的人在那裡，可提供歷史見證，不要重蹈覆轍。

說起來，我擔任過很多不同單位的第一屆董事或委員，包括國藝會、海峽交流基金會、國表藝前身的國立中正文化中心董事；教育部藝術教育委員會的委員；也分別在一九八〇年起參與台北藝術大學（當時稱國立藝術學院）、一九八九年國立台南藝術大學（當時稱國立台南藝術學院）創校事宜。我想因為我有博士、教授身分，加上有戲劇背景等，所以很容易被找去。

毛高文當教育部長時時，建築家漢寶德告訴我，他鄭重推薦我去當籌備主任。但我覺得自己不適合，告訴他「我只是進出藝術界的人，如果你要我推薦，我就推薦；如果不用推薦，我們談話就到此為止。」

這也是我多年來每受邀擔任官員的一貫方式：我會立刻說我能力有限，然後推薦一堆名單，強調每個人都比我優秀。我不希望拖拖拉拉，讓對方等，我會希望立刻解決。

從這件事以後，漢寶德就跟我變成好朋友，他覺得我很風趣，在藝術圈也跟大家很熟。

以北藝大為例，我一直只是當鼓掌部隊，首任校長鮑幼玉就是我勸他繼續留下來當籌備主任的。那時他原任教育部國際文教處處長，在兩個職位間很感為難，我只問他：「如果生命中只能選一個工作，你會選哪個？」他就說要辦藝術學院。

從一九八〇年北藝大草創時期開始，我確實一直為學校發言、爭取資源，之後也一直加油打氣，林懷民還說北藝大的成立「充滿吳靜吉的指紋」。不過我之於北藝大，最大功能真的只在推波助瀾，沒想到在我七十歲時，朱宗慶他們還想幫

和北藝大一路走來，經過草創艱辛、流離三遷、從學院到大學，直至今日的蓬勃發展。在參加「三十而歷　風華雲吉」活動時，北藝大校友會特別頒贈給我「榮譽會員」證書。

我慶生，我深覺不妥，才變成見證北藝大三十年的發展，說是感念我陪他們走過草創、三遷、轉型至今的歲月。

我在國藝會也是第一屆董事。一九九五年，鄭淑敏當文建會主委，國藝會董事長選定陳奇祿，但國藝會還沒確定要走董事長制或執行長制。眼看著漢寶德在董事會結束後，馬上得對記者說明未來走向，我就提出董事會制。

當時這類組織，經常發生即使所有建議都經董事會投票，最後仍變成董事長把持的狀況，我對此很不以為然。這樣要董事幹嘛？是當太監嗎？

我的想法是，董事長再怎麼有聲望，還是得與代表不同領域或族群的董事們充分討論，才能做出最好的共識。我認為董事會應該相信執行長和執行團隊，執行長也要善用團隊力量，不能一人獨霸；同理，董事長也要徵求董事的意見。

不過台灣還有個問題是，董事常常不知道自己的任務是什麼，對專業也不很清楚。我們經常看到，有人雖然擔任董事，並非因為他了解專業才當上董事，而是以他其他的職位來證明他有能耐當董事。

即使如此，我一直相信由下而上、「上下其手」、左右逢源、裡外配合的互動式力量，不同意一人決定。很多時候，做決定的是上面的，但觀念與被服務者都是下面的，上面不見得知道下面需要什麼，只靠認為對方應該需要什麼而已，我覺得應多考慮下面的聲音。

後來，國藝會董事會確認董事的職責包括聘用執行、稽查財務等，也讓董事充分了解，這樣就確立董事會制。

二〇一八年，文化部也找我去遴選國藝會的董事，不過我沒去。這主要是因為早年剛開辦國藝會董事會時，本來規定遴選委員會的委員不能當董事，後來卻變節，讓遴選委員也變成董事，我不認同這點，從此不參加。

第二個原因是，我常看到很多人愛位愛名，爭來爭去，我討厭這樣，認為應該更注重專業。每個族群都會有代表，若有代表只為自己，不盡然為他代表的族群，我都覺得不妥。例如有些特殊族群代表只認為自己行、別人都不行，根本是為自己而非為族群而選，這樣就不可以；也不能光為自己族群爭權，否定其他族群。

我認為，一定要找個真正能代表那個族群的人，他也必須放棄個人權益，儘量為他代表的團體而努力，立法委員、學術界、教育界也都該如此，可惜這些事不見得都能實現。

我因過去參與戲劇經驗，發現很多團體都缺少行政能力，在國藝會時也會幫助他們。

在幫文建會調查台灣表演藝術團體時，我發現很多藝術團體不知怎麼報帳，就請同事陳錦誠在文建會支持下到新竹半山腰辦活動，邀請藝術團體行政人員和文建會的會計與主計人員去，把他們報的帳拿給文建會看，讓文建會說明該怎麼改，效果立竿見影。我甚至鼓勵報名者把丈夫或妻子、或要結婚的對象一起帶來，畢竟台灣除了雲門和紙風車外，其他大部分團體主要成員都是自己人。可惜，這活動辦一屆，就沒再辦下去，可能是因為會報帳的人都走了。

我在兩廳院當董事長，則是我此生唯一的正式官職，也是我所有藝術相關經驗中，最痛苦的回憶。

二〇〇六年，國立中正文化中心董事長邱坤良因為被邀請去接陳其南的文建會主委，剩下的任期需要有人當董事長，教育部長杜正勝就要我接中正文化中心董事長。我說不要，他立刻打電話給時任行政院長蘇貞昌。

我以前就認識杜正勝、蘇貞昌，杜正勝那時跟我說，他第一個找的是馬水龍，但馬水龍說他的本業是創作，希望繼續作曲，跟杜正勝說應該要找我，而且中學庸、義美董事長高志尚、台新金董座吳東亮等人也都推薦我。雖然如此，我並沒有答應，一直到蘇貞昌說要見我，強調很多董事都說我很適合。後來我真正接下來的原因是高估自己的能力，以為可以解決當時面臨的誤解與困擾。但我真的很難過，我根本不想也無能當官。

我對兩廳院當然有期望，我常跟企業代表說每個企業都有研發單位，兩廳院也可以是台灣表演界的研發單位，民間團體不能冒險、不敢做的，兩廳院可以去做。我對藝術知識雖然有限，但看表演看多了，會看到一些趨勢，可以提供經驗。

但我不喜歡當董事長，這種組織的錢來自納稅人，我覺得我沒有能力把一切做到最好。

每個人都是領導也被領導，領導有正式、非正式，兩者都有權力的基礎，只是前者比較是來自職位的權力，比如長官對部屬、總經理對員工、家長對子女的權力。這種權力來自獎懲，這獎懲則來自職位提供的資源。

至於非正式領導的權力，比較來自個人，包括專業知識與個人魅力等。像名廚就是以專業取勝，明星則靠魅力，待人處事強、ＥＱ佳，也可算魅力一種。

兩廳院董事長在這兩種領導中，當然是第一種，但我認為這個位置除了有來自職位提供的權力外，最好也要有基本專業，或至少能分辨誰說得對。我不認為我能做得到。

比如說，分配資源時，我能否做到公平，又能否發揮效益？找工作人員時，我能否保證來的人一定好？我習慣尊重他人意見，擔任這職務若遇到不同意見時，一定也會很為難，更何況還要處理民意代表和媒體等等問題。我沒必要假裝我做得到。

在個性上，我也不適合。我基本上是教育工作者，但正式領導人是必須擔負二十四小時責任的，分秒都不能停息，我不是那種處變不驚的人。大陸作家余秋雨婉拒很多人找他繼續當上海戲劇學院院長，說他只要人在外面，看到諸如學校發生火災等，都放不下心；我也是這樣。我在學術交流基金會擔任執行長期間，由於我們辦公室所在建築是古蹟，每次颱風來時，我就擔心磁磚會掉下來。

我在兩廳院待不到十一個月，卻發生很多事。當時藝術總監是平珩，她對藝術包容力非常強，對人很和善，做事有條理，分寸拿捏得宜，跟國外來往也能展現一種Madam、夫人的氣質，我用一種爺爺帶孫子、疼惜的角度來帶她。那時期，我看著平珩、看著兩廳院被打，就好像我自己的孩子被人打來打去。

我那時覺得，我們好不容易有了兩廳院，可是發生的這些事，可能一夜之間毀掉所有的一切，包括我過去也曾參與的對藝術的信任。我深深感到，如果平珩和兩廳院這樣被毀掉，就好像毀掉我自己。

那時發生這些風波時，根據兩廳院組織章程、行政法人條例，董事長其實可以不用去立法院，只需由藝術總監負責。但我在審查預算時也去幫腔。

我熬到任期到期後，立刻不再續任，平珩也優雅下台。那時蘇貞昌還找我到辦公室，要我繼續做，但我堅持說任期已定，絕對不做，也告訴他有很多人可以做。讓我驚訝的是，之後有很多人問我當初怎麼拿到這個位子，我才知道有這麼多人想要這個位子。

經歷這段，我有三個體會。一是組織若有一個人出現問題，大家的精力就很難適當用在組織；二是這樣的人會促使組織產生不一樣的立場，幸虧兩廳院立場始終很清楚；第三是，若有衝突時，可靠幽默化解，也可重新界定組織定位。我也很感慨，在這過程中，我看到太多人打落水狗、趁虛而入，這都是人性的各種面貌。

幸運的是，兩廳院也創造了因緣際會的媒介。在董事會上認識的吳東亮董事，事後邀請我擔任台新文化藝術基金會董事，提供機會讓我參與藝術創作人才之發掘獎勵，以及藝術走入職場和社區，推動本土與國際兼具的思行。

「因緣際會」具有感染力。這幾年我也透過參加家樂福文教基金會參與推動表演藝術等等的「擺渡」工作。我認為，民間的基金會比較可以有彈性地串連「產、學、藝、社、民」的共善共美，發揮創造力與影響力。

二〇一四年，中正文化中心轉型為國家表演藝術中心，文化部部長龍應台和次長李應平希望我接董事長，我當然有自知之明，然後她們徵詢我對董事長人選的意見。我想國表藝首重法令問題要解決，包括三館一團如何整合、如何互相幫忙援助、人員福利問題，就推薦陳國慈。

陳國慈以前學鋼琴，擔任過台北故事館總監、國藝會執行長，在台積電期間也推動文化藝術，也看過很多國內外表演，特別是國藝會開創時，所有法令都是她在擬訂，這樣國表藝要訂新的法令，比較不容易出問題，可以靠她穩定下來，最主要的是我看法令就頭痛，而她卻樂在其中。

我也建議她們，如果是要找聲望超脫的，就找申學庸；如果要找企業界，可以找童子賢。還提出由我退出董事會，由朱宗慶當董事，將來他才能當董事長。最後文化部就找了陳國慈當董事長。

除了行政官，我也擔任過兩廳院評議委員會委員，改變了當時的一些遺憾。兩廳院那時是藉這個委員會來提拔年輕劇團、給補助，雖然選出哪些劇團，是由評審評選，但負責承辦人有時會因不喜歡一些案子，就藉著欠缺資料等說法，來技術阻撓。有次我拿到某表演團體的資料覺得不對勁，因為一個專業團體不可能只提供這些資料，就告訴承辦人若對方沒提供這些資料，就由我們委員會的人寫信給他，不要讓他做弊。承辦人後來就改口說找到資料。

我還儘量為當時在文化階級上處於弱勢的藝術種類說話。現在台南人劇團的前身「華燈劇團」，當年是由一位外籍神父紀寒竹（Donald Glover）在教會裡開闢空間創辦的，他很可愛，喜歡藝術，問我有沒有可能幫他忙，我說我不適合，建議他找卓明、蔡阿炮（蔡明毅）、許瑞芳等人，找卓明的原因是因為卓明是劇團中唯一對歌仔戲有感情的人，最適合在南部發揮。

蘭陵那時有個團員蔡明毅，綽號阿炮，他是淡江大學保險系學生，來參加文建會委託蘭陵辦的工作坊。由於他家發生變故，得回南部，我就建議他一方面依專業去保險公司找工作，並用他會畫、會寫、會演的才能，抓住編輯手冊、年報等機會，展現工作以外的貢獻，讓公司認識他；同時還可去華燈。他去了後，伙伴合作很好，提了一個答嘴鼓劇本《台語相聲——世俗人生》，華燈就以這劇申請兩廳院一九九一年的實驗劇展。

那次評議委員會開會只能錄取四名，有位委員，就以「哪有台語相聲」為由，要否定這個節目。在會場上，我一開始就說我今天是來護航的，強調大家應考慮三件事：一是有些團體是沒知名度，但要慎重考慮它有沒有潛力；二是我們所有委員都是北部的，應提供機會給南部；三是在南部台語很普遍，「答嘴鼓」就是相聲，是茶餘飯後在樹下等處說的，可惜現場已有人否定。

我這麼一說後，姚一葦就說：「吳靜吉是很謹慎公平的人，也會提拔年輕人，他既然這麼說，不會砸自己的腳。」戲劇家貢敏也表示同意，認為要比較開放心胸。最後這節目拿到第五名，備取第一名。我說前四名依兩廳院或政府習慣，不會給全額，這些團體也會因此提比較高的製作費用，現場工作人員就說他們仍不會給全額，我就說那剩下來的錢就依次給五、六、七、八團。最後那年兩廳院最叫好叫座的節目，就是《台語相聲—世俗人生》。

我在當其他評審的經驗中，包括評選金鐘獎、金馬獎、亞太影展、文建會戲劇及舞蹈比賽時，也常常發現一些很棒的作品，因為文化階級弱勢等因素被犧牲。我都會想辦法改變。

像評選金鐘獎時，歌仔戲和京劇一起評選，京劇都是演出錄影，歌仔戲則以電視連續劇為主，不過也有舞台劇錄影，所以參選的有單元、也有連續劇。在那個年代，得獎的都是京劇，因為那時有些評審都看低歌仔戲，覺得歌仔戲是民間戲，也不覺得演員值得注意。

我評選時，就建議把單元、連續劇分開，好給歌仔戲公平機會，否則歌仔戲永遠無法得獎。後來金鐘獎就把單元劇和連續劇分開，歌仔戲這才開始得獎。

類似狀況也發生在文建會戲劇比賽。那時很多評審都不懂台語，我常常是唯一懂台語的，有次有位女作家的劇本寫一位澎湖窮小孩長大讀到醫學院，有醫師想納他入贅為女婿的故事，劇本中用的語言很台語，還是澎湖台語，且因故事主角爸爸是捕魚，用了許多捕魚語言，非常生動，我也不是全懂的，可是這劇本一下子就被殺掉，根本沒入圍。

我為了想救這劇本，就把它打最高分，因為當時我另外建議，若哪個劇本所獲單次分數最高，就可由評審出面爭取。在我爭取後，這劇本最後得了第三名。

這些經驗讓我有很深刻的體會，就是評審背景應要考慮多元。文建會有舞蹈、劇本比賽，評審委員都很有聲望，但他們可能已有固定模式或取向，對新的取向就會反對。

像有次文建會的舞蹈比賽，本來大家已講好分數區間是七十分到九十分，以免有人故意打零分拉低分數，有人卻把其中一個作品打得遠低於七十分。這個作品，我和兩位外國藝術家都覺得最有創意，打最高分。但那位委員去說服了另一位晚輩打低分，拉低這作品分數，我和另外兩位團隊評審都覺得不可思議。

面對這狀況，我雖不聰明，但想得快，就說這次大家不用均分判斷結果、用投票制，大家也沒說什麼。投票時，我和兩位老外都投這作品，就有三票，後來這個作品就拿了第一。

在申學庸當文建會主委時，我則一反當年都是台北人觀點的文化，參與文建會提倡的社區劇場，提供意見。

我相信大家都同意台灣不是只有台北，兩廳院是國家的，是整個台灣的，我認為我們應該發展社區劇場，就請各地本來就在做的劇場先來提報計畫，且都要編預算讓台北的專業人士駐團指導，並給固定薪水。

後來，台東劇團被選上，它本來叫公教劇團，演的是比較中規中矩的話劇。但我覺得他們很有熱情，認為編導改變，戲就會變，他們就請卓明去做專業指導。

卓明對鄉下傳統文化很有敏感度，台東元宵節有「炮轟寒單爺」，他和團長劉梅英及團員就把這故事放到劇場裡。剛好復興劇校畢業、也待過雲門和蘭陵的林原上從巴黎回來，也就被找去一起編導，後來演出非常成功，還搬到兩廳院去演。這是因為只有搬到兩廳院演，回鄉才會被肯定，台北的知識分子也可藉機擴大視野。

我總儘量製造上下、南北、城鄉、族群資源的平衡，難免有人怪我老是要改，維持過往，不是好好的？我說你們都是國外回來的，被大學、政府肯定的，忘了鄉下人也需要肯定，才能生存得好點。這是我為何總不斷微笑說服其他評審，希望他們改變慣有台北觀點。

我也擔任過文建會扶植團隊評鑑委員，這最早在決選時是文建會副主委劉萬航主導。那時，總有一些新團體掉在邊緣，我就說這些團體也不過想拿八十至一百萬而已，若請外國人來也是這個錢，不如讓這些人都有機會，這樣可讓扶植團隊一來很開心，二來更努力，三來未來拿地方政府款項、募款都比較容易。

我提意見後，劉萬航說可以，這事就定案。之後每組都從第一名開始排序，若預算總共八千萬，會剩下幾組團隊列為備取，代表評審委員仍覺得這有政府補助的價值，我就以此為由，建議文建會用人才培育角度來給補助。對中央政府來說，多拿出一、兩百萬元是不難的。

有一年，雲門舞集是全年所有團體唯一拿到評鑑優等的，募款也做得非常好，政府給的補助，只是他們整年經費一部分而已，但有些團體就說雲門把舞蹈團隊的錢吃掉了。我就告訴大家，這種想法是錯誤的，因為關鍵其實在於評審考慮舞者上台表演的生命最短，給舞蹈通過的比例最高；我也強調，雲門的補助是屬於優等的範圍，並未影響任何其他級別的團體。

我對於各種作品，在會議中往往用鼓勵的態度出發，這是因為我自己不創作，就鼓勵人創作、表演。但很多人自己沒創作，老要批評他人創作。

在文建會時，我因為有感各界溝通的重要性，所以做了另外兩件事。一是仿造美國都有主要表演團體的介紹手冊那樣，也做表演團體手冊，派人調查訪問所有登記有案的團體，共一、兩千個；二是在一九九八年做網路劇院（cyberstage.moc.gov.tw），希望藉豐富的台灣團隊介紹資料庫與國內外藝術節資訊，強化國內外雙向媒合，一方面讓國外策展人等認識台灣的團隊，另一方面也讓台灣團隊選擇適合的國外藝術節，將作品推廣到國際市場。

我做這個網路劇院時，是用學術交流基金會名義，可以邀請來台的交換學人參與計畫，一方面幫忙英文寫作，一方面讓他們從參與中了解台灣的表演藝術。當時是由擔任交流基金會副執行長的陳甫彥構思執行，找了一群熟悉電腦或表演藝術的義工，英文部分則由來自美國的傅爾布萊特交換學人負責，分成現代劇場、傳統戲曲、舞蹈、音樂四類團體，中英文同時做，把做過的調查資料轉化到網路上，再由各團行政填好。這當時 Taipei Times 還有全版報導。

我經常把報導和網站資訊介紹給國外藝術經紀人和表演中心，人在國外時，還幫忙宣傳這網站。有次我在駐紐約台北文化中心座談會上，就邀外國人多用此網站。當時有個色情網站跟我們網站的網址前面一樣，只是沒有 tw，我就跟大家說，如果要了解台灣表演藝術，請到我們的網址；如果沒有 tw，就是色情的，選擇哪個，「That's your choice」。大家都哈哈笑。

我們在訓練網路劇院系統時，都鼓勵劇團要有兩個人來，可惜參加者都陸續離團，最後一年我也離開。但我始終認為，網路劇院非常重要，如果做好，可以與國內外充分接軌，不過關鍵是政府得把這納為團體必做，這樣團體才會比較投入。比較可喜的是，二〇一六年，文化部網路劇院又活化了。

我還在教育部藝術教育委員會上建議文建會和教育部討論可以一體合作等。我指出，教育部已有社會教育，可和文化部合作；若再結合中央和地方，藝術更可下鄉扎根、普及化。

我擔任教育部藝術教育委員會委員時，另外也參與了一些決策。這個委員會主要討論藝術教育政策和實施，我在任內和幾位已仙逝的委員共同推動藝術教授新聘與升等可用作品為依據，以及音樂、舞蹈傳統戲曲一貫制的規章，都順利通過。

提建議時，我往往用輕鬆解嘲的方式。那時我引用作家余光中說法，指出莎士比亞如果在今天，不可能升等，但研究他的作品可以升等。我這樣說，是要主張創作者不該僅能以博士學位升等，而是該也能靠作品，否則在當年，舞蹈、京劇、音樂等都是從小訓練，哪有人能有什麼博士學位？

我也提倡應該把環境藝術和設計也納入藝術領域，讓學生選擇更多樣。後來環境藝術就改在藝術類。

這個委員會現在功能已很低微，我也是僅存的最早期委員，好像尚未打死的蟑螂，其他人如許常惠等都已過世了。後來在會議中，我常扮演記憶事情、提醒大家的角色，比如有次許常惠提議應可用作品升等，我就說您的意見是大家尊重的，所以用作品升等已經通過了。

我還是最後一屆國家建設研究會委員。國建會原本是要在每年暑假期間，邀請海內外專者學者針對國家問題提供建言，並將結論訂為政策施行，到了我們那時，已是由青輔會舉辦，預算很多，通常回來的人都是各單位提名，但往往是大官或立委的孩子，全都住五星級，如君悅大飯店。我到最後一屆才被推薦，被所有人說現在才來見證告別儀式。

那年，我提建議，說藝術團體有兩個長久困擾，一是國內演出在行政管理上不知怎麼做，但預算又太少，不如學習聯合診所的方法，幾個團體合聘一位藝術行政，到國外巡迴時也可照辦，讓新團體逐漸成熟，然後再擴大。

我也建議可由政府蓋文化大樓或文藝大樓，由文建會編預算，可找業界贊助，便宜出租給藝文團體。這些團體彼此可互助，大樓也可另設法律、國外巡迴、財務管理、行銷等專業顧問，這樣所有團體遇到問題，都可到這棟藝文大樓諮詢。

我是來自三叉口的人，很自然會有這種如何整合資源的想法。文建會曾出錢給團體租場地，但有團會拿自家客廳說是租場地要錢，卻根本沒排練，可見這做法需要改進；郭為藩當文建會主委時，也有評審質疑明華園歌仔戲團已很有錢，卻還享租金補助，我則說要考慮藝術團體的處境，因為明華園是每天演完就要給演員錢，大家都是坐卡車來回，很辛苦。這都是我為何覺得有必要整合藝術資源。

然而這個文化大樓計畫，後來沒做，我覺得非常遺憾，但我還是相信亡羊補牢猶未晚。

經歷這許多官場，我常感到，很多人是因為我是博士、具有大學教授角色，才找我參與、給意見。有時我覺得，他們找的我不是我，而是那個具有藝術經驗的「學者」角色；但正因我不是藝術家，才能為藝術家發聲，這又是我的幸運。

我覺得藝術對社會貢獻太大，但台灣從民意代表、企業家、決策者、官員到學術界大老都很少有藝術教養機會，所以不大了解藝術對社會貢獻在哪。美國蘋果公司共同創辦人賈伯斯為何一天到晚談藝術跟科技的關係，大科學家愛因斯坦也談過藝術對他的幫助，我們不能讓下一代領導人也不尊重藝術，應該讓藝術儘量普及，往下紮根，這也是我為何至今願意奉獻一點力量的原因。

第十二章　表演藝術風雲

也是蘭陵人的中山大學教授陳以亨，曾說過我是台灣最忙碌的「藝術指導」，包括蘭陵劇坊、紙風車劇團等。其實，我還擔任過當代傳奇劇場和優劇場的藝術顧問、屏風表演班的顧問，甚至曾以明華園劇團藝術總監身分，帶他們去北京參加亞運藝術節演出。其他各種製作人、創意顧問、名譽職稱，更不及備載。

我會跟這麼多表演藝術團體關係密切，可說都是在美國辣媽媽劇社種下的根，返台又在蘭陵長芽，然後隨著蘭陵成長開枝散葉。但我在回台時，真的只想要教大學心理學、教育等，雖然偶爾也應姚一葦等人之邀客串教戲劇，但我因認為這並非我專業，一般會拒絕。

只是沒想到一個機緣帶動一個機緣，就這樣在一大片林園行走。不過，我在表演藝術領域時，都和我在任何領域一樣，常只扮演「中介」功能，做那個媒合、調解、推波助瀾的人。

我和這些表演藝術人士的情誼，最早的除了姚一葦，還有戲劇家俞大綱。這位德高望重的前輩，經常跟熱中藝術的青年在一起，有時會跟大家說最聰明的人是我，他們都不服氣。這些聰明人當然不服氣。

他會這樣說，是因為有天我跟他說，大家都叫您俞老師，但不是每個人都會認真讀您的著作，好像只是假性稱呼，您當老師卻又不能開玩笑，您一定壓力很大吧？我又說，我因為看您書不多，沒資格當您學生，以後我就叫您俞大綱好了。他聽了高興得不得了，從此他就自在地跟我說各種不愉快、不滿的意見。

我敢這樣跟他說，是因為我觀察到，俞大綱的性格是很希望跟人交往，不要用權威角色，但因人人喊他「俞老師」，他可能因此缺少「有話直說」的朋友。我打破他那片因為角色構築的牆後，他總算能有個人在一起可以很自在。之後我們只要看同樣的表演，常一起笑成一團，到了中場，眼睛一看、趕快去外面抽菸，善意地評論一番，甚至學舞台上的表演。

有次我們在希爾頓飯店（現在是凱撒飯店）二樓，他氣在教育部開會時，有人說為了給外國人看懂京劇，必須改變一些身段，例如伸出大拇指叫好，讓他很不以為然。他邊講，邊站起來當場比畫京劇身段和比大拇指姿勢，引來好奇目光，可見他在我面前放鬆的程度。他說我聰明，就是指我有「自知之明」，也體會他的老師壓力。

現在活躍的表演藝術團體中，我跟雲門舞集的交誼展開得最早。前面提到，我是在美國認識林懷民，且和他同年回台，在同校任教。一九七三年，我在我們那個沒辦成的「六二藝展」出了三萬元，他後來常說我是他跳舞的第一個贊助人，還是雲門舞集的第一個贊助人。我不知道我這樣算不算贊助人，我一直只能盡點小力量。

同年，林懷民在台北中山堂用傳統戲劇《烏龍院》編舞時，因為知道我也和姚一葦、俞大綱都熟，安排我坐在俞大綱和姚一葦中間。我了解他想知道這兩位重要前輩的看法，就很注意他們倆的反應，一演完，就馬上去後台跟林懷民講OK，他似乎早已有答案地開心。這就是我中介的角色。

有陣子林懷民在文化大學舞蹈系兼課，找我代課，我在那時認識他班上的鄭

1976 年雲門舞集首度赴日，我與他們一起訪問大映影城、吃飯。下圖由左二至右：鄭淑姬、吳靜吉、樊曼儂、杜碧桃、郭小莊、林秀偉。（雲門舞集提供）

淑姫、王雲幼、吳秀蓮、何惠貞等人。那天我用拉邦的動作分析法（Labanotation）幫他們上課，用京劇身段解釋拉邦，之後就常去看雲門排舞。

我看《白蛇傳》時，覺得很好。林懷民說，青蛇怎可能對許仙沒感覺，我覺得他這想法有點像是用心理學家佛洛伊德的架構，以白蛇和青蛇代表原我，法海代表超自我，許仙是脆弱的自我；我也覺得這舞和瑪莎・葛蘭姆的《米迪亞》有異曲舞同之妙。後來我常用《白蛇傳》為例，講如何用新的概念解釋舊作品，如何創意結合傳統身段和現代舞作。

一九七五年雲門去香港演出，由於香港以前的主辦單位跟一般娛樂界比較密切，宣傳時只用娛樂角度，林懷民知道那時有位廖姓舞者在香港很有分量，要我負責去接觸這些人。當時香港特別行政區首任行政長官董建華的爸爸董浩雲，在香港人人皆知，我還透過他的親戚、我的乾女兒張培薇，去他辦公室打電話請他們都來看，好讓雲門的演出得到專業的重視。

除此之外，我和林克華、詹惠登等人，在林懷民的構思和鮑幼玉的支持下，於一九八〇年創辦「雲門實驗劇場」，目的是培訓舞台技術人員並推展小劇場運

《白蛇傳》表演劇照。(雲門舞集提供)

動，蔡明亮第一個公開亮相的舞台劇就在這裡演出。

一九八八年，林懷民宣布雲門舞集暫停。當時我是學術交流基金會執行長，林懷民就在這段期間以傅爾布萊特學人身份赴美。他在美時光，除了吸取各文化元素，也去林肯中心學習如何募款，以紐約為中心發展藝文人脈等，我覺得很好。

他原本擔任自己成立的雲門舞集研究協會理事長，由於出國，就找我代理。我做了兩件事：一是少花錢，二是讓舞者根據自己的想法編舞，並舉行舞蹈發表會。我當時認為，雲門舞集的核心價值和任務固然在林懷民，但也可由其他人做周邊擴散。那時有人配合自己的生活風格用流行音樂編舞，我甚至鼓勵舞者利用空檔時間為自己開放經驗。這都出自我無圍牆的教育工作者想法。

此外，當時有企業界臨時找雲門舞者跳舞給客戶看，我覺得這有點封建思想，打電話給林懷民表達意見。比我有政治頭腦的林懷民當然不會接這種案子。

林懷民在經營團體時非常有政治智慧，有次雲門在國父紀念館演出，其中一個節目是鄭淑姬的《待嫁娘》，行政院長孫運璿、教育部長朱匯森都來了，孫運璿指定十排一個位置，還跟著很多安全人員，林懷民給我的任務就是坐在孫運璿旁邊，好防止別人干擾他看舞。孫運璿看後很喜歡，我的使命也達成。我常扮演這種角色，也是因為這些表演團體覺得我可用。

後來，我發現雲門已經非常成功，自認在藝術角色方面，對雲門已經沒有任何剩餘價值，就想撤退。我跟林懷民說，我以後除了給予演出口碑外，不會再參與雲門，他用英文說我是 frustrated dancer，我當場自嘲地說：「是的，我是受挫的舞者。」

除了雲門舞集，我和明華園的交誼也開展得很早。

一九八二年，明華園參加全省地方戲劇比賽。負責統籌比賽事宜的台灣省教育廳林金悔，想找一批可從文化、歷史脈絡看戲的新評審，找上我、邱坤良、卓明、簡上仁等人。我因時間關係沒能從頭看到尾，只好不當評審，但提供了一些評分方向的新可能、後來明華園創辦人陳明吉四兒子、二〇一八年國家文藝獎得獎人陳勝國編創的新劇《父子情深》就得總冠軍，我和其他三位評審看完了之後都覺得這樣的實驗方向開創了另一條歌仔戲的發展路向。

我覺得這戲很好，認為台北人也該看到，後來還推薦給時任文建會掌管表演藝術的三處處長申學庸，建議可加入國家文藝季演出陣容。她和時任文建會主委陳奇祿都很認可，但由於當時歌仔戲在社會中仍然沒有享受其應有地位，為了謹慎起見，決定先在光仁中學禮堂試演給表演藝術界看，演出的節目則改為《濟公活佛》，由我當製作人、卓明當執行製作。

這場試演非常成功，蔣勳、姚一葦、胡耀恆、樊曼儂、奚淞等人都讚不絕口，《濟公活佛》這才在文藝季舉行前三週加入，在國父紀念館演出。這場公演首演大獲成功，作家林清玄覺得很棒，還請大家找爸爸媽媽來看，讓歌仔戲首次進國父紀念館就一炮而紅。

後來，懂得感恩的陳明吉總覺得明華園能進國家場館「是我的貢獻」，在必要的場合都找我當代表講話，私底下甚至稱我恩公。一九九〇年亞運在北京舉行，體委會找明華園在亞運藝術節演出，陳明吉兒子、明華園現在當家陳勝福問我演哪齣戲好，我說《濟公活佛》，因為歌仔戲在北京會被另眼看待，戲好且輕鬆幽默，所以明華園就演這齣，反應極佳。後來在一場正式酒會中，陳明吉應邀上台致詞，就請我擔任他的閩南語翻譯，好讓台下不懂閩南語的北京戲曲界人士了

濟公活佛
JiGong, the Living Buddha:
Enchanted Snow Fox
歌仔戲 第一丑角
陳勝在 飾 濟公
傳統戲劇 無敵小生
孫翠鳳 飾 胡偉冠
當家小旦
鄭雅升 飾 葛彩霞
第十一屆亞運藝術節 中華台北代表
明華園歌劇團 出國前巡迴公演
團主:陳明吉 召集人:陳勝福 編導:陳勝國

與陳明吉（上圖右二）及明華園團員參加亞運藝術節。（明華園提供）

解，我們現場默契十足，簡直像在「相聲（答嘴鼓）」。這也讓我回想到，我小學三年級就是擔任「台語」主持人。

那次還有個插曲是，中華民國體育運動總會時任會長張豐緒在相關手冊中寫了「中華民國」四字，中國要我們拿掉，這冊子最後就沒發出。但後來每天進出旅館時，陸方都要檢查我們所有資料，我就跟大陸檢查負責人說這些並非公開資料，應該不用檢查；否則難道連我們的內衣褲都要查？台灣流行印製創意符號，說不定也會出現他們禁忌的文化符號，後來對方就沒檢查。

我因為蘭陵而結識的表演藝術人就更多了。劉若瑀、金士傑、杜可風、卓明、馬汀尼、黃承晃、陳以亨等等，是最早的一批，之後光是日後獨立成團的，還有李永豐、李國修、鄧志浩等。他們後來各有各的戲劇追尋和實現，許多人都跟我一開始想像的很不一樣，但這些追尋歷程我都很欣賞。

劉若瑀在團裡一直很亮眼，演出《荷珠新配》女主角極受歡迎，上過《時報周刊》封面，中視還找她主持兒童節目介紹京劇臉譜，她也拿到金鐘獎。有一度，一家夜總會邀請蘭陵去演《荷珠新配》，蘭陵很興奮，但時報周刊總編輯簡志信知道夜總會不適合蘭陵，勸他們千萬不要去，我也勸他們要聽有經驗人的話，最後蘭陵就沒去。

後來她去念紐約大學，一段時間後便到加州跟隨貧窮劇場大師果陀夫斯基（Jerzy Grotowski）的貧窮劇場，就把那套風格帶回來，想在台推動。雖然和我預期不同，不過從她成立優劇場到優人神鼓，我都一直很支持，並擔任優人基金會董事，和他們互重相惜。她後來結合禪意、打坐、鼓鑼和愛心，絕對會讓果陀夫斯基驚讚不已。

近年他們教受刑人打鼓，我建議他們可以找企業界募款；他們和德國作曲家佑斯特（Christian Jost）構想《愛人》，我也應邀一起去吃飯，跟佑斯特談得很好，也提供創作建議，還一起去柏林看演出。我去的功能是，舞蹈上我會建議不要太芭蕾；也一起和德國藝術界交流，替他們和台灣官員講話。

當年，我一直希望金士傑有能力推動金氏默劇，由於許博允正好在台灣推演日本大師箱島安的默劇，我就推薦金士傑當箱島安的助理。我本來想，金士傑家裡有京劇背景，雖然他可能已淡忘京劇，但他若去國外，這些原本在內心的京劇一定會被勾起，這樣綜合上他舞台劇和默劇的經驗，就可成就金氏默劇。

不過沒想到，他拿了傅爾布萊特獎學金從紐約返台後，第一齣戲卻是傳統的話劇「今生今世」，這代表他內心有此渴望。

卓明的變化也在我預期外。他和金士傑一起拿傅爾布萊特獎學金赴美，回台後就做我一直想做的《九歌》。他想該劇依據原典楚辭，是一套完整的祭祀神鬼儀式，就找劉若瑀去阿里山鄒族看原住民的儀式，回來後做的東西卻是極簡風格。奚淞、鄧志浩、劉若瑀還因為仍想做人規模風格，後來就另尋藝路。最後卓明發展出卓氏心理劇。

李永豐後來則做兒童劇。他比較晚加入蘭陵，在「貓的天堂」中演活野貓，也曾在我一九八二年答應文建會做《那大師傳奇》參加國家文藝季時，擔任該劇演員。

《那大師傳奇》是我在蘭陵唯一參加編導的戲，這戲原創來自辣媽媽，在台製作時，原本要找葉清來導，但他導了一半就回美國，我只好接下編導，由金士傑執行導演。我們希望蘭陵團員接觸不一樣的音樂形式，就邀請熟悉印度音樂的朋友參與，再經由我們的傳統轉化成劇，全劇表現方式有如英雄之旅。

後來我在政大企管所的學生、雲門舞集顧問詹炳發來找我，說益華沙拉油有很不錯的空間，問我這些空間可以做什麼？我建議做兒童劇場，因為沙拉油是煮菜之必須，會聯想到媽媽，媽媽又關心孩子。詹炳發也同意，我就建議找當時準備離團的鄧志浩當總監，謝瑞蘭當行政總監，鄧志浩又找了李永豐，他們就成立魔奇兒童劇團。

不過魔奇成立沒多久，就發生兩件事，一是因為演出太轟動，但李永豐當時還是北藝大學生，學校教授有意見，不願意讓學生在劇團演出；二是益華基金會執行長比較是用商業管理方式，不合當初創辦的願景，接下魔奇的李永豐就想好聚好散。他來問我意見，我說我支持你，李永豐後來告訴別人，在他那麼需要支持時，我給他這句話，他覺得很溫暖。想來我像是只能說些鼓勵話的長者。

鄧志浩後來比李永豐還早離開魔奇，另外成立九歌兒童劇團。我期許他做九歌，是想藝術界很多人都在找九歌原始的風貌，我覺得兒童天生喜歡戲劇，有了九歌兒童劇團，就可用他非常擅長的說唱藝術把早期生活文化都帶出來。他始終只有「九歌」之名卻無「九歌」之戲，現在反而專心作畫。

一九九二年，戒嚴時期原本都由國民黨台北市黨部主辦的國慶民間遊藝活動，改由文建會主辦，文建會主委郭為藩和當時負責相關業務的林金悔邀我策畫，我就找了當時還在魔奇的李永豐當節目編導總籌，由學術交流基金會的陳錦誠代表我來和李永豐合作。

同年稍後，李永豐成立紙風車劇團。他們成立第一年，我也去幫忙站台；不過到第二年，我說我如果去，媒體一定會以「老人」為中心，叫他們一定要獨立出來勇敢做自己，就拒絕出面。李永豐後來總說，我是把舞台讓給他，不讓給他，我就變成罪人了。

一九九五年，我把文建會的國慶民間遊藝活動總策畫交給陳錦誠，已在紙風車的李永豐擔任總編導，當時貢獻這個活動的朱宗慶、平珩、李小平、林茂賢，現在都很活躍、傑出。紙風車也從這時開始，逐漸發展出創新模式承辦展演活動。

近年紙風車不拿政府補助，從二〇〇六年陸續自己辦三一九兒童鄉村藝術工程、三六八鄉鎮市區兒童藝術工程，以及二〇一二年的「拯救浮士德——青少年反毒戲劇工程」，我都有參與，也很贊同。前兩個計畫，還有點我「買一送一的學校」、「山不來就我、我來就山」想法的影子，雖不是出自我的建議，卻滿足了我的心願。反毒靈感則來自李美國（李永豐暱稱）回家時，他媽媽說她知道很多小孩吸毒，勸他千萬不能吸毒。

我很感慨的是，青少年的無聊時光本來可以是創意的來源，現在卻變成在吸毒，但若藉著劇情式而非教訓式的戲劇，應可有些改變，不過這實務上就交給紙風車來做，我只偶爾給一點學理根據。

紙風車後來因三一九計畫大大成名，其實這是他們在麻將桌上聊天想出的點子，因為不喜歡兒童只能在電視上看的東西，想讓兒童看真正的戲劇。李美國構想這些時，我早有這「山不來就我，我來就山」的想法，像蘭陵接人才訓練營的示例演出也是這樣。但李美國更進一步，把專業團體帶去，而且還募款。若是政府補助，一定有人抗議，但募款還可挖掘愛心，這也像家扶的認養人概念。我也要求李美國一定要專業，不能因為到鄉下就草草了事，不要騙小時候的我。李美國就把整套舞台建構起來，我們默契很好。

三一九兒童藝術工程也催生了吳念真當理事長的「中華民國快樂學習協會」之「孩子的祕密基地」計畫，我也快樂鼓掌成為理事。

紙風車成立一段時間後，每年在我生日時，都幫我辦生日會，這雖是李永豐對我的敬老儀式，但也是他藉著團內和團外共同活動、創造團隊凝聚的領導方式。每次碰到這種時候，我都很害羞，因為我變成主角；若是把這想成是紙風車凝聚團隊之道，我變成幫助者，甚至可用「工具」，就自在起來。幸虧基金會柯一正董事長，立即送一盤「生辣椒醬油」來刺醒我。

我很早就認識的吳念真，也在紙風車成立的綠光劇團，長年推動國民戲劇、文學改編、野台戲等。柯一正則擔任基金會董事長和基金會董事們一起參與了三一九／三六八兒童藝術工程。

說起來，我早在一九七六年就認識吳念真，當時我在報紙副刊讀到他的短篇小說〈抓住一個春天〉，覺得寫得太好、太棒，尤其這小說寫高中考生，對學教育心理學的我，很能感同身受，就跟王榮文說趕快去跟他簽約。那時吳念真白天在台北市立療養院圖書館當管理員，我們一路騎著摩托車去找他，稱讚他文章寫得

2015 年、2017 年生日會及 2018 年八十大壽的盛況。（王榮文、林馨琴提供）

很好，期待他繼續寫下去。

後來吳念真參與紙風車和綠光所做的事，都是我關懷的，只是我做不到。他是很會說故事的人，做得都很好。我對別人有做到、我做不到的，都很佩服。

我在紙風車也常扮演和外界「左右互動」的中介角色，二〇一一年十二月六日紙風車在萬里三一九最後一場演出時，我就被安排坐在蔡英文和朱立倫中間。

跟李永豐差不多同期進入蘭陵的，還有李國修。他為蘭陵帶入喜劇元素，像他在《荷珠新配》演趙旺就有這個效果。

又像李國修在演賴聲川回國後和蘭陵合作執導的第一齣戲《摘星》時，當時許多演員都演智能障礙者，他演時大家都在笑，他能把智能障礙者很單純的諸如種花的喜悅，傳染給大家。這是他能傳達劇中角色、讓觀眾把角色和他本人融在一起的能力。

李國修一直說受益我很多，還說我是他認定的恩師，其實我受他的啟示才大。像他能把格式塔治療常見的「空椅」技巧，轉化成戲劇效果，在《京劇啟示錄》、《女兒紅》等都有極佳使用，我實在沒想到這麼普通的東西，能夠被他創造得這麼好。尤其《京劇啟示錄》更是經典，把他父親的職業當作劇團和京劇的生命故事「戲中戲中戲」穿插整合得非常好，笑完還會想流淚，故事又橫跨親子、傳統與現代、工作與生活甚至兩岸時空。

二〇一三年他往生，我曾寫〈天堂遇見莫里哀的追夢人〉紀念他。我一直很感佩，他「編導演」的創造力明明讓他可在各種媒體成功，他卻堅持「人一輩子做好一件事就功德圓滿」，給我這個自認「沒有圍牆的教育工作者」很大的啟示。

當代傳奇劇團跟我也有淵源。由於藝術總監吳興國以前是雲門舞者，我們早就認識，他決定成立時，拿想演的《慾望城國》劇本請我給意見，當時我在學術交流基金會，建議他們勇敢做自己、不要再找包括京劇在內的老前輩，因為他們已經不是做京劇改革，而是以京劇為基礎發展出的新型舞台劇，也強調我會支持。

《慾望城國》正式演出時，我覺得非常棒，當時傅爾布萊特計畫選了在紐約市立大學戲劇學者 Stanley Waren，欣賞之餘主動寫文章推薦，後來另一個傅爾布萊特教授龐珊（Sandy Bonds）看這戲驚為天人，非常喜歡林璟如的服裝設計、聶光炎的燈光設計等，後來還寫了一本京劇服飾的書。

龐珊就告訴我，有個世界劇場協會很棒，每四年會辦「布拉格劇場設計四年展」，建議林璟如、聶光炎等人作品都可以去參展。我就建議文建會支持他們去，結果聶光炎、林璟如作品都去了，也很成功。之後，文建會就都有編預算讓藝術家去參展，相關事宜由台灣技術劇場協會負責，他們後來還爭取到世界劇場設計展舉辦。我不見得能直接給資源，但我可以提供意見、告知機會。

當代傳奇一炮而紅後，常出國巡迴，包括在英國演出《馬克白》等，幕後最大功臣有三個人，新象的許博允、文建會主委郭為藩和戴瑞明。因為台灣過去都是國外表演介紹到台灣比較成功，台灣戲劇到國外演出比較不易，國民黨中央委員會文化傳播工作會主委戴瑞明，一直配合許博允，希望儘早成功。但到了郭為藩當文建會主委，戴瑞明擔任駐英代表後，台灣竟然真的能在英國皇家劇院演出京劇版的莎士比亞劇，真是非常不容易。

一位政大以前的學生李志華正好是宏碁公司駐英代表，他也提到，如果我們是花錢打廣告，不知要花多少！我也在演前給了些建議，包括建議打鼓的速度要快一點，讓演出節奏呈現急迫感。

還有一次，當代傳奇在法國露天演出《慾望城國》，我當顧問。由於陳凱歌導演的電影《霸王別姬》剛在坎城影展得獎，法國方面希望演《霸王別姬》的京劇原版。當代就用原班團員演出《霸王別姬》。中間突然下雨，管服裝的人害怕，希望不要演，可是連法國文化部長等都在等待演出，怎麼可以半途而廢呢？我就問女主角魏海敏要不要演？她說要，結果演出時雨停了，演出非常成功。

我跟上面這些團體因為相熟，他們出國巡迴時我常會跟團。二〇〇九年周美青當總統夫人後，就變成是她常跟明華園、當代傳奇出國。她可以第一夫人身分招呼國外單位，台灣駐外單位看她來也都會心甘情願、自動自發地大力支持，我覺得我不能做得的，她都做得到，我就沒有機會去了。但我仍希望我們演出，能真正被當地駐外官員尊重而借力使力擴展外交。

在跟民間表演團體有長年情誼外，我也參與過一些台灣表演推動組織。一九七八年成立的新象，初期以「活動推展中心」為名，我因為回台時籌辦「六二藝展」認識許博允，就成了好朋友，此後一直互相信任，也有機會提供意見，更多的是我藉機參與藝術教育。

新象那時邀請很多國外藝術家來，我因為有在紐約藝術圈的經驗，自認比較知道如何跟他們溝通，像美國舞蹈家尼可萊斯（Alwin Nikolais）、法國默劇大師馬歇・馬索（Marcel Marceau）、日本舞踏團體白虎社等來台，我都去當翻譯或寫文章介紹，還跟俄國大提琴家羅斯托波維奇（Mstislav Rostropovich）成為朋友。我也協助新象邀請中國中央芭蕾舞團」和北京人民藝術劇院來台演出。

新象推出白先勇名著改編的《遊園驚夢》，我也有參與討論，不過主導的是白先勇和樊曼儂。我大多仍扮演推波助瀾的角色，很多創新的東西，台上選手演出時，台下若有大老點個頭，對方原來的信心就更「理所當然」，這就是我的功能。

一九八七年，新象推出台灣第一齣自製歌舞劇《棋王》，我是共同製作人，由於傅爾布萊特計畫那年正好邀請一對常在美國合作音樂劇的學者Waren夫婦，我就促成他們當導演和編舞，擔任作曲的李泰祥我也很熟。李泰祥後來罹患帕金森氏症，二〇一二年我擔任政大藝文中心委員時，推薦他當年度駐校藝術家，他來時竟然把《棋王》資料帶來，跟大家分享，我很感動。

我也是許博允一九八一年和菲律賓文化中心主席卡西拉葛（Lucrecia R.

與白先勇（上圖左）、樊曼儂（上圖中）合作《遊園驚夢》的合影。（取自《繁花綻放——新象傳奇三十年》）

Kasilag）發起「亞洲文化推展聯盟」的理事，還一做三十年。因為這些關係，我常有機會到國際開會，對此我很感謝，儘量利用機會介紹台灣的團體。很多人高估我的影響力，但我其實很有「旅行力」，不是「履行力」

一九九八年，新象接受政府委辦的計畫，參加在巴黎著名藝術工廠「屠宰場」舉辦的表演藝術博覽會，我也前往。讓我深感遺憾的是，部分駐外新聞文化外交人員太輕忽透過台灣軟實力、做文化外交的重要性。台灣因為不屬聯合國，國際上已常被拒絕，政府實在應該重視借力使力，以非正式方式配合正式方式，以文化打前鋒而以政治作後盾，以完成正式外交無法達成的使命。

同年，台灣首次參加法國亞維儂藝術節就是很好的例子。那時巴黎文化中心主任是後來做過文建會主祕的趙克明，他的夫人是淡江大學法文系副教授劉俐。他們在法國對文化的知識、經驗都很豐富，跟法國機關關係好到給他們兩張出入飛機場停機坪的證件，好便利接海外來賓。

我每次去法國，趙克明夫婦都請客，一九九六年，他和劉俐開車帶我去法國南部同時，談到亞維儂藝術節那幾年都每年以一個歐美以外的國家當重點，該屆的藝術總監費佛・達榭（Bernard Faivre d'Arcier）一九九八年想要以中國為主題。我和趙克明、時任文建會主委申學庸就以對法國文化及文建會對這的了解裡應外合，在亞維儂找達榭一起吃飯。

達榭那時說，主題國的節目都會從傳統中發展再生，不過有時很多傳統演出法國人都看過了，現代演出法國人也熟，我就跟他講，如果這樣，中國主題可能沒法做，因為中國現在還在傳統範疇中，幾年後才會有再生；「如果擔心中國沒法做再生，可以做台灣，台灣已經準備好了。」

後來鄭淑敏當文建會主委、邱大環擔任巴文中心主任時期，亞維儂藝術節就以台灣為主題，掀起轟動。不過前往的八個團，是申學庸時期就決定的，包括復興閣、亦宛然、小西園等三個掌中劇團，以及優劇場、漢唐樂府、無垢、當代傳奇劇場、國光劇團等。這八個團體是先由邱主任整理50個團體的法文介紹，再由法方選擇符合亞維儂藝術節「傳統再生」的主題。

這其中又以當代傳奇決定演出劇目的脈絡最有趣。當時當代傳奇團員都來自國光劇團，所以當代傳奇要演什麼，都得國光同意，但如果國光團員不能去，《慾望城國》就很難成行。我、中學庸、蘇昭英就建議費佛．達樹把當代傳奇和國光劇團放在一起做套裝節目，可以先看當代傳奇再看國光，從創新中回溯傳統；或先看國光再看當代傳奇，看傳統如何再生，這招果然奏效。

決定演出節目後，文建會主委鄭淑敏要在藝術節開始前做先鋒部隊，我們就代表文建會先去亞維儂，以備表演團體來後照顧大家，比如在哪裡可找到中國菜等。當時負責規畫交流的是樊曼儂，劇場調度的是李永豐，陳以亨則負責演出和生活管理，我們四人就把表演團體在法國會遇到的問題都先顧好，甚至包括把每個餐廳價碼等都整理出來，帶回台灣給劇團參考。

我也是一九八七年表演藝術聯盟（原名「表演藝術團體聯合會」）的催生者之一，我們當時的目的是減免表演藝術入場券銷售稅捐，以及廢除劇本審查，由我和林懷民分別擔任正、副召集人。

表演藝術團體早期必須透過政府的教育和警政單位和他們委託的協會評估是否可以演出，之後才能賣票，又要交對表演藝術團體是要命的預備金，程序繁雜，製造許多麻煩，所以我們想先爭取入場券減免稅。那時剛解嚴幾周，政府對表演藝術都不熟，不知什麼是專業演出，什麼是業餘演出，結果表演藝術團體都不熟自己要付哪種稅，若付成商業演出，稅會很高。

當時爭取表演藝術入場券減免稅的，除了表盟，還有中華民國文化環境協會。這個協會是創辦北藝大的鮑幼玉領導，因為他以前在擔任教育部國際文教處長時，就遇到業餘與專業演出問題：一來，國外團體來台若算商業演出，稅會很高，恐減低業者引進國內作品意願，國內愛好藝術的人就無緣欣賞好藝；二來，政府無法分辨商業和專業的區別，甚至也常和業餘演出混淆。

我後來就和林懷民、許博允去拜訪財政部長郭婉容，她得過傅爾布萊特獎學金，在國外也看表演，我去就是要從傅爾布萊特交換計畫來談美國如何看待這些表演，讓她更有感。她聽後，就答應減免表演藝術票券的稅。她一答應，我們立刻退出表盟，讓其他人接手。

持續至今的華文戲劇節，我也參與。一九九六年，北京中國藝術研究院話劇研究所主辦「兩岸戲劇交流暨小劇場研討會」，邀請兩岸劇團展演、舉辦學術研討會，戲劇節結束後，各地代表決定聚在一起，好持續交流，就將這次活動訂為第

與許博允（右二）在華山創意園區合影留念。

欣賞唐美雲歌仔戲團《月夜情愁》，與演員陳竹昇（左一）等人合影。

一屆華人戲劇節，並談好接下來輪流在香港、台北、澳門舉辦。

不過一開始，我的想法是，只要用華語的華文戲劇就可以參加，包括新加坡以及重視華語教育、推動華語戲劇之歐美等地之各族群。遺憾的是，後來就應北京的要求成了兩岸四地華文戲劇節。無論如何，回看這多年，這戲劇節和我的原意雖不同，但對兩岸四地文化交流也有其意義。

從支持各表演藝術團體，到新象藝術、表演藝術聯盟，到參與台灣參加亞維儂藝術節和布拉格劇場設計四年展，我其實主要都在擺渡，引介機會、引導資源、提供可能。可惜我至少有兩個願望至今沒實現，就是我一直認為源自台灣的歌仔戲，應變成台灣的特色戲劇，尤其是世界獨一無二的「歌」仔戲。游錫堃當宜蘭縣長時，曾想將歌仔戲普及化，我認為，台灣從中央政府的文化部到歌仔戲最普遍的宜蘭縣府，在此時都應重新思考推廣、研究推動歌仔戲的傳統與創新，真正將這文化瑰寶發揚光大。

我也希望有人願意完成蘭陵開枝散葉之前類似辣媽媽中心的計畫，創建獻給戲作家及相關的戲劇人才之媒介平台。

第十三章　跨界的媒人

我眼睛很小，有位算命師說過，我這眼睛像蛇的眼睛，細細長長，但很銳利，什麼都看在眼裡。這種觀察力，加上我一直很好奇人與人之間的各種現象，注意到兩人眉來眼去，就製造機會讓他們在一起，讓我從小至今促成超過百對佳偶。

這種對人的關係的敏感，隨著我陸續踏入心理學、教育、創造力、戲劇、社會公益、國際交流、藝文機構、企業管理等領域時，很自然延伸成喜歡「湊合」不同領域的習慣。這或許也跟我出生三叚水有關，註定要像三條河交會一樣，命中不停做匯聚、媒合、擺渡的工作。

我小時候幫阿公放牛，他叫我放牛時，公牛、母牛千萬不要接觸，免得天雷勾動地火因而懷孕影響耕田。但我覺得，既然相愛，就趕快在一起，所以每當放

多年來，我熱心湊合多對佳偶。下圖是與黃聲遠夫婦的合影。（林馨琴攝）

牛到一半，公牛、母牛情不自禁時，我都不阻止牠們，只跪下來默默祈禱母牛不要懷孕就好。

念中學時，村裡有一對愛人，因為家人說兩姓不能結婚，家裡依照幾代習俗，不准他們結婚。我覺得幾百年的發誓不應該死守，他們實在太可憐太冤枉，就分別約兩人到海邊樹蔭下，讓他們約會。

也曾有駐防的阿兵哥和村裡女生談戀愛，後來阿兵哥要調到外島，兩人戀情曝光。當時村裡民風保守，女方爸爸已過世，她大哥就站出來說要把這女孩推到井裡，但我知道他其實捨不得，只是要做給村裡人看，他們媽媽也不敢講話。我很討厭這樣，就約這女生出去，讓她跑到親戚家，躲過風頭再回來。後來就沒事了。

我大姑大我九歲，十五歲就無師自通會做洋裁，我念政大每逢假期回宜蘭時，她都會問我台北女生流行什麼衣服，然後根據我的觀察、印象和自行填充記憶，裁剪出各種時髦衣服，非常受歡迎。過年時，整條街幾乎成為我大姑服裝的展示台，也等於是我的間接作品。

她這麼能幹自己會賺錢，待人處事又很圓融，很多人想娶她；我祖母雖覺得女大當嫁，也同意別人來跟她相親，但又捨不得讓她離開身邊，總是看每個相親的對象都不順眼。

那時真的很多人來看我大姑，但都不會明講，有的會說來買小豬，大姑都倒茶給他們喝。一直到他們在茶杯底下放錢，我們才知道他們是想娶新娘，但我們很生氣，來看女生怎麼可以說是買豬呢？祖母就更有話說，覺得這些人各有目的，很多只是把大姑當做生財機。

有次有位高中老師也想娶大姑，但他來家裡拜訪時，看到警察局局長也在追大姑，就不敢提親。因為他讀高中時曾因參加讀書會而被以為是共產黨，被關過，看到警察就卻步。大姑就這樣一直蹉跎，早早幫自己準備好的窗簾、枕頭等嫁妝，都派不上用場，每年都要拿出來曬。

一直到大姑三十歲，家裡也覺得實在太晚了，有次有位親戚來提親，我們覺得這人不錯，就講好一定要推動成功。我從小就知道怎麼水平思考，這邊路不通，就要轉個彎，既然祖母是因為捨不得大姑，想把這個非常貼心的女兒留在身邊，我得讓祖母安心。

那位男士高職畢業，在蘇澳漁會工作，我就根據事實編故事給祖母聽，襯托出一大堆他的好處，我祖母很相信我，對這人印象不錯，答應大姑出嫁。我就趕快跟媽媽說快辦手續，免得祖母後悔。這樣大姑才成功結婚，大姑人特別好，婚姻生活也幸福，到現在我還常享受她送我的鮮魚。

我還幫堂叔娶到老婆。我祖父種田，祖母是家庭主婦，祖父有幾個同母異父弟弟所生的姪兒，由於家窮，大兒子儘管長得不錯、很乖很勤奮很聰明，深得有錢人家喜歡，希望他能入贅，但家中大人不願意他入贅，就遲遲不婚。

堂叔因為之前相親很多次都沒成功，後來不肯再相親；可是他若沒結婚，依當時家裡的要求，弟弟就不敢結婚，我祖母就一直幫他介紹女生，只是也沒成功。

後來我祖母拜託嫁到花蓮的鄰居找個住遠一點的姑娘來，心想家住偏遠地區的女孩，比較不會嫌棄我堂叔的家境，鄰居就在我出國念書前，表面上帶了一位小姐來宜蘭玩，其實是介紹她跟堂叔相親。但堂叔還是不肯來我家後院相親，說他只是因為要讓弟弟結婚，才非結婚不可，根本沒選擇權利，所以他跟誰結婚都可以，祖母決定就好。我特地跑去他家跟他說我馬上要出國了，請他陪我走一趟、給我個面子，我們就一邊騎腳踏車到我家，一邊聊天，最後我說服他訂婚、結婚。

沒想到我們後來講好時間地點去花蓮提親時，對方忽然不肯嫁。我們當時已經到了女方家的村子裡，不知如何是好，媒人打電話到村裡派出所請所方代為通知我們，說她有個鄰居要把女兒賣掉，這位小姐比本來答應要嫁給我堂叔的年輕又漂亮多了，我祖母當場就在派出所的電話上決定把這個女孩娶回來。後來堂叔婚姻非常美滿。

有趣的是，他們的大女兒後來考上銘傳夜間部，我媽叫我介紹工作給她好讓她自給自足，理由竟然是我既然促成她父母結婚，就有責任幫他們的孩子找工作。

我也幫忙同學追到老婆。高中時，有次在兩百公尺競賽中，學校要選拔選手參加宜蘭縣運，我拿第一名，就代表學校參賽。但有位同學在追一位蘭陽女中的同學，想讓那個女生看到他代表學校參加縣運，拜託我把機會讓給他，我跑的時候，故意讓他贏過我，去參加縣運。體育組組長看到我突然慢下來，失去代表資格，一直罵我；體育主任也很生氣，不讓我再吃選手才有的雞蛋和牛奶。後來這個同學真的跟那位蘭陽女中同學結婚了。

我後來踏入的各個領域，所促成的良緣就更多了。我當學術交流基金會執行長時，會裡的同事王明雄英文好，音樂文學素養又佳，個性包容溫和，研究易經很有名，常幫人算命，自己三十九歲時正好力壯又單身。恰巧有位很紅的廣播主持人凌晨，三十三歲還沒結婚。

那時新象舉辦國際藝術節，邀請國外藝術家來，我建議許博允夫婦，找有車有時間會欣賞藝術的人分別認助藝術家，負責接機、接待等，我也被派去接待一位小提琴家，我跟王明雄說我要和凌晨去機場，他說他有凌晨的命盤，知道她是台灣好女人，看到他眼睛已經發亮，我說，我有事，請他和凌晨兩人一起去接，然後我馬上打電話給凌晨，除了描述王明雄的優點以外，還認真開玩笑地說她可以把手交給王算命，觸電了我不負責。他們認識後，不久就相戀結婚，結婚時還找我當主持人、證婚人。

甫獲國家文藝獎和總統創新獎的建築師黃聲遠，和他擔任故宮副院長的夫人李靜慧，姻緣背後也有我和其他宜蘭朋友的鼓吹。

先前李靜慧到宜蘭縣政府文化局擔任約聘企畫時，策畫童玩節非常認真，表現很好，我們就想把她留在宜蘭。游縣長認為最好的方式當然是在宜蘭成家，我們就想到剛來宜蘭發展的建築師黃聲遠。

黃聲遠會來宜蘭，是因為那時候他想做公共建築而非商業建築，他在東海大學的同學陳登欽在宜蘭縣政府建設處工作，就叫他來宜蘭。結果我還沒約好黃聲遠和李靜慧認識，黃聲遠已主動打電話給李靜慧，最後相戀結婚。當他們終於公開在一起時，我們都高興得不得了，兩個人才當然就都留下來了。我到後來才知道，原來黃聲遠一看到李靜慧十五秒，就覺得「非她不可」，可說是一見鍾情。

此外，蘭陵演員實驗教室的製作人，中山大學教授，蘭陵經理陳以亨和我的助教，現在是高師大成教所所長的余嬪，也在我創造的平台上產生愛的火花；政大現任教育系系主任郭昭佑拿結婚證書給我看，說是我促成他結婚的，但我根本忘了我出了什麼力。總之，各種婚姻媒合，我實在做得太多，包括台美聯姻，多到可以出書。

我這媒人除了單純介紹婚姻，也是不同領域的意外紅娘。一九七八年，知名專欄作家薇薇夫人在華視擔任晨間電視節目《今天》主持人，鄭淑敏擔任製作人，這個節目每次五十分鐘，分成多個單元，我就負責主持「心理與生活」單元，一講就講了十年。名律師陳玲玉最近在紙風車文教基金會董事會上突然問，我們最早見面的因緣際會是什麼，我馬上脫口而出，就在《今天》。原來《今天》的平台也是在建立人際網絡。

在這十年間，我藉由各種生活化的實例，儘量把心理學深入淺出地與觀眾分享，希望人人在過生活、做工作、教養子女時都能受用。我那時還接受觀眾諮詢，化解他們的心理問題。

這樣透過電視媒體的心理學傳播方式，就是我跨領域的嘗試。透過這種方式，我得以用心理學知識分享給更多人，教育也更能無圍牆；我的「學生」也不只限於學校班上，而是千千萬萬我未曾面見、認識的人，好些人後來還幫了我。像國防部政戰部主任王昇的夫人王熊慧英，就因為看了我的節目，在我後來遭人當作「歸國學人」替罪羔羊時，出手幫了我。

1988 年在《早安今天》節目中與薇薇夫人（右二）合影留念，告別她 16 年的電視生涯。（薇薇夫人提供）

我在《今天》的主持經驗，加上我在蘭陵劇坊的經驗，還讓原本毫無電視決策圈淵源的我，得以有機會促成家扶基金會和電視綜藝節目的合作。

一九七九年，我二度從美返台後兩年，當時還叫做基督教兒童福利基金會台灣分會的家扶，找上我當董事。家扶最早是美國基督教兒童福利基金會（CCF）一九五〇年代協助成立的，早年經費都來自美國募款，在美國的總部認為台灣漸漸到達可以自主的階段，規畫台灣分會要在一九八五年獨立募款，因此換了批董事，我就是其中之一。

我上任時，才發現其他新任董事都是有錢有權、有頭有臉的人，包括前副總統謝東閔的長子謝孟雄、曾任立委的高育仁等，只有我什麼都沒有，就是個傻傻的人。那時大家都說因為政治上和職務上的關係，不便做董事長，推我當董事長，我就馬不知臉長的同意了。

但我上任後嚇了一跳，因為那時我才知道，家扶正面臨創始以來最大的挑戰，得在正式獨立前的六年內湊出兩億三千萬元的年度預算，作為之後幫助孩子的費用。雖然先前CCF團隊已有穩固的基礎，但仍需要大量募款，身為董事長似乎責無旁貸。

有天，我在一間咖啡廳碰到張小燕，當時她在華視主持當紅的綜藝節目《綜藝一百》收視率超高，非常受歡迎。知道她很重視各領域新潮的人也關懷社會，所以彼此就認識。

我當時就抓住機會，跟她說「可不可以給我五分鐘，我跟妳說件好事好嗎？」她說沒問題，我就跟她講家扶的狀況。

我說，家扶旨在幫助弱勢家庭，這些家庭的小孩因為父母貧窮或遭到意外，生活、學業都成困難，家扶若能靠民眾募款，把民眾每個月捐助的一千元之中分八成給孩子，兩成當行政費用，這些孩子就能有米可煮飯吃，有人關心輔導，可以聚在一起互相支持，也了解自己並非孤孤單單。張小燕聽了覺得很好，尤其贊同從外國人的資助到本國人的支持，說她一直很想做善事，也相信我的判斷，就在《綜藝一百》尾聲，新闢一個五分鐘的單元，叫做〈溫暖〉。

那時〈溫暖〉只為家扶中心所設，但張小燕提出三個要求，一是她希望節目的呈現不要哭哭啼啼，二是不要過度強調弱勢孩子的窮困，三是希望每集都邀請

參加 2018 年政大 EMBA「從教室到螢幕」時與張小燕（左三）合照。

一些家扶的孩子來上節目，讓大眾都認識這些孩子，帶來溫馨感，她也選了鳳飛飛唱的「溫暖」當主題音樂。

〈溫暖〉播出後，回響很好，台灣人很有愛心，都踴躍捐款，錢好像天天在空中飛，經費多到在澎湖也成立家扶中心分部。由於那棟建築是登記在董事長名下，我家人還誤以為我在台北賺很多錢。

每次我想到捐款背後的故事，都覺得很驚嘆。像家扶有位認養人是工廠女工，由於後來要嫁人，夫家家境又一般，她怕夫家有意見，就不敢再認養，但自動找幾位同事合力認養；「溫暖」單元後來更擴散到其他弱勢團體。

我在這同時，也會在《今天》節目呼籲大家關心弱勢孩子。當時有位老師聽眾打電話來問孩子挑食怎麼辦，我建議她讓孩子看看〈溫暖〉中弱勢孩子的故事，後來就有別的老師打電話說學生看了這些故事後確實提高同理心，不會再浪費食物，因為會想到他們不肯吃的正是別人想吃卻沒得吃的東西。

除了創新募款，我在家扶董事長第一任七年任內，還改變了董事會組織。我主張董事每任三年，董事長最多只能連任兩次，以免組織僵化；也建議董事成員應該更多樣，包括要納入曾受家扶幫助、後來有所成就的「自立青年」，以免董事會同質性太高。

做了這些事後，我在一九九一年又擔任家扶董事長兩年，擔任董事更達十八年。過程中我常運用自己在不同領域的資源，多做一些事，包括城鄉交流。不過我發現，要募城鄉交流款項比較困難，因為捐款人會覺得鄉下孩子來都市要花很多錢，又非生活必需，不見得願意。

不過我覺得，讓偏鄉孩子體驗都市生活擴大視野非常重要。一九八〇年新象舉辦第一次國際藝術節時，邀請蘭嶼雅美族（現稱達悟族）成人來跳勇士舞，是我代表新象去蘭嶼和對方接洽。剛好一位在小學教書的張老師是我學生吳英長教授的學生，由於我那學生上課時都會提我，張老師就記得我，也產生信任，後來就談好成人團體來台演出後，蘭嶼的小孩也可以來台北，體會都市生活。這些家扶的孩子也終於應CCF的邀請到台北中山堂演出。

我事先還問這些大人小孩來台後想看什麼，他們說想看台電、電視台、忠烈祠、百貨公司，原因是島上很少家庭有電燈，也只有一戶雜貨店有電視，且沒有百貨公司，有機會看免費電影時，影片大部分都有忠烈祠之類的景色，他們真的好奇，想要探個究竟。後來新象和CCF分別帶他們看想看的「奇蹟」。有位知識分子還批評為什麼帶這些原住民看資本主義的產物，真是「奇蹟」。

在中山堂演出時，這些穿著丁字褲的小孩一轉身露出屁股時，大家都笑起來。其實觀眾會笑，是因為看到蘭嶼孩子屁股白白的，和想像中曬黑的屁股顏色不一樣；但我因為也出身貧窮，敏感察覺到這些落後地方來的小孩一定會覺得是被嘲笑，不會覺得是讚美，立刻跑到後台看他們，果然他們在哭。我跟他們說，觀眾笑是因為以為你們整天在海邊跑曬太陽，沒想到屁股會是白的，他們這才破涕為笑。

回想起來，我在擔任家扶董事、董事長的歲月很高興看到不少善緣。二〇一七年家扶舉辦金扶獎，找我贈獎給自立青年並感謝他們知恩圖報時，其中一位得獎人匯寶珠寶公司董事長顏清福在致詞時表示，他同時認捐一百零五名受助兒童，每月另外捐出三十一萬；他也捐助澎湖家鄉的青少年；接下來他就忽然表示特別感謝我，因為我正是他受助時的家扶董事長，功不在我但我也沾光了。

這期間，我從參與社會公益、媒體資源、教育到藝術的串連，雖可說是在大家合作下水到渠成，但若先前沒在不同領域的探索與之後的建議，我恐怕也難以享受這些好人好事的成果。這當然也與我從小扮演善於傾聽的「情緒垃圾桶」角色有關，這讓我明瞭，有了體會他人的感性為基礎，再加上理性的信念，以及資源整合的動機，可以擴大自己的視野，看見社會的良善。

我在《今天》常談到教養孩子，好多關心兒童教育的人士，因此會來問我意見。最近信誼董事長張杏如說，信誼基金會學前兒童教育研究發展中心已進入第四十年，想舉辦紀念活動。她說，當年是我跟她說信誼可以做學前兒童的研究教育資源整合平台，把這些相關的知識，轉化成一般民眾所知。

我這才回想到，一九七七年，她找我約在愛琴海餐廳談信誼的事。當時她想找童書給孩子讀，發現大多是翻譯書，問我難道台灣沒有人寫童書，或沒有傳統素材可變成本地故事？我就建議她成立研究中心，像灰姑娘的中國版本在唐朝就有，女主角叫葉限；原住民也有很多精彩傳說，都可變成童書。

後來，張杏如就成立學前教育研究發展中心，同時進行有關兒童的「研究」、

「教育」、「出版」和「推廣」等等工作。當時的政大心理系的助教林淑慎、我學生楊更爐就成為中心的第一批工作人員。並非專攻兒童教育的我，能就我所能，在催化出這個機構中扮演一點角色，也是種媒人的喜悅。

我也是成長文教基金會創辦人之一。一九八三年，曾任《今天》製作人的鄭淑敏，因旅美期間住在耶魯大學旁，覺得他們有個耶魯兒童中心做得很好，就想辦個幼稚園，邀請薇薇夫人、樊曼儂、林懷民、余範英、張杏如、吳林林和我等共十人創辦「成長兒童學園」，大家都要出錢，不過我該出的二十萬，是張杏如幫我出的，後來也不用還錢。我是以「教育心理學」背景參與規畫和大方向的執行。

一九九七年在豐泰文教基金會和「成長兒童學園」的協助下，成立「成長文教基金會」，到現在為止這個基金會業務很廣，包括照顧長者、鞋子兒童劇團、物資交換中心、社會局委託辦的吉利幼稚園等，都是從一個業務延伸出另個業務，好把手上資源最大化。同樣地，我在這些過程裡，往往只是提供意見、引介資源的媒合角色，而這些經驗讓我相信，結合來自不同領域的專才力量，就比較能成功。

2015年於花蓮日出山莊與邱復生合照。

我的媒人腳步越踏越廣，除了以心理學與創造力的專業教起MBA，橫跨心理學和管理學，還擔任起各公司和其他領域的媒介。其中最有趣的經驗，是邱復生主持大世紀廣告公司年代，藉由各項工作坊、演講、研究，讓我從此打開創造力與企業的連結。

我認識邱復生，是因為他是樊曼儂的長笛學生。他非常愛才，也知道要透過各種活動去延攬人才，認為心理學非常重要，也想透過我認識心理系學生並投資和儲備人才。

一九七四年，他代理止痛藥百服寧的廣告，透過政大心理系學生幫忙的調查，了解產品的廣告效益。當時的效益不強，在調查之前，我首先建議要讓大家光聽品名聲音，就能了解吃了百服寧會比較舒服，或是要聽了名字就能產生意象，用數字和諧音聯想是可用的策略，他們公司同仁後來就想出諧音「850」「保護您」，果然效果很好。

我這紅娘後來參與更多企業，協助他們研究，或擔任諮詢顧問或舉辦工作坊、演講等。聯廣和其他廣告公司早期要做消費者對新產品的接受度了解，比如個人電腦進台灣前的焦點團體訪談和調查研究，還有李斯特霖漱口水、箭牌口香糖、百事可樂、柯達照相機等，都有我的參與。可以說，很多產品我都可以幫忙，唯一我不敢置喙的只有衛生棉，就推薦當時的師大衛教系吳就君老師去做。

如今我雖老，仍會應邀到企業界及各機關學校團體演講或主持研習營、工作坊，多年來的主題包括創造力、領導團隊發展、自我了解及人力資源等，四十年來我參與的企業團體包括Ford、IBM、Amway、聯廣、國際松下、遠東紡織、群光、全國電子、Tom.com、信義房屋、華碩、華威國際、櫃檯買賣中心、宏遠紡織等。

遊走過這麼多領域，我從未有壓力，因為我知道自己只是個媒人，又像是個擺渡人，引導不同知識、技術、資源相互交流、融合；我常會從這些經驗中了解台灣的企業與其員工的喜怒哀樂，我只是一個引子，是擺渡人所起的作用。擺渡人自己也需要預知並悅納「新郎新娘進洞房，媒人丟過牆」的可能，但自信地將開心和成就建築在別人的成功上，會讓生命更有意義。

第十四章　在宜蘭田中央

二〇一八年四月，交通部觀光局在宜蘭設立的「壯圍沙丘旅遊服務園區」開幕。看著我五歲起在此居住的貧瘠之地，在建築師黃聲遠的田中央工作室手中化身風景園區，電影導演蔡明亮還把沙帶進館內，邀觀眾在沙上看星星、看電影、聊天，我實在沒想到，這我幼時曾依戀、少時想遠離的沙丘故鄉，竟也有機會反過來吸引全球遊客前來。

四月二十五日那天，我去了壯圍沙丘園區後，又到現在東港榕樹公園旁，看它對面由宜蘭河／蘭陽溪／冬山河聚集、我出生的「三敆水」；還到我童年最愛留連的海邊，遠眺龜山島。有些景，依稀還在；很多人事，早已消失。我也從當年害羞受挫的小孩，長成八十歲的老人。

說起來，我從一九五八年考上政大教育系到台北後，就遠離了宜蘭，學生時

參加壯圍沙丘旅遊服務園區的開幕活動，並與展覽策劃人蔡明亮（上圖右）合影。（林馨琴攝）

代，只有過年過節才回家鄉。我還清晰記得，對那個喜歡藝術，渴望各種機會的我來說，台北的機會與資源實在比宜蘭豐富太多，根本就是兩個世界。

然而我到美國讀書後，幾乎每次回想台灣，就是想到宜蘭。

我看到什麼大多會聯想到宜蘭。上人格發展課談美國從小訓練上廁所，我想到幼時田地「野放」的經驗；跟著拓弄思作創造力測驗，演講或上課時，我經常把宜蘭經驗跟上課內容聯結。不論是受盡傳統折磨的女性，家貧沒法上學的孩子，或捕鰻魚要在三更半夜時捕，又冷又危險，這些感情都多麼纏綿，都讓我理解社會的差距，也理解心理學的概念。

一九九〇年，我應當時的宜蘭縣長游錫堃邀請，擔任宜蘭縣政府縣政顧問，以及他當選後依照票數所獲貢獻金所成立的仰山文教基金會董事，可說是我在返台定居台北後，終於也開始嘗試深耕故鄉。

我與游錫堃結緣於一場演講。那時我在政大任教，國際生命線台灣總會在宜蘭開年會，找我前往。演講時，看到當時擔任省議員的游錫堃坐在第一排，就故意說「我很高興能回宜蘭跟大家見面，但我名不見經傳，比如下面有個議員，他一定不知道我」。結果一講完，游錫堃就找我聊天，說要約見面，當選縣長後就找我當縣政顧問。

那時文建會主委郭為藩在推動民俗技藝園區，其中一個民俗技藝園區設定在高雄左營，可是後來沒成功，其他縣市就開始爭取在他們那兒成立民俗技藝園。這種提案都要經過學者專家審查，最後大家選擇了宜蘭，也把園區名字改為傳藝中心。

要知道，設置民俗技藝園區這種政策，都是中央政府掌握資源，並提出由菁英分子和官員的想法，讓人民或團體提案競爭，但資源仍在中央政府手裡。有天我遇見郭為藩，他很沮喪地告訴我他可能要捲舖蓋離開主委位子，因為在國民黨中常會中，有位中常委很不高興地說怎會把傳藝中心送給民進黨執政的宜蘭，而非國民黨執政的花蓮？

為此，文建會又開了一次評審會議，宜蘭縣府很努力地補充包括雨季考量等各種資料，結果第二次會議時，評審委員仍然支持將傳藝中心設在宜蘭。游錫堃非常擔心該案送到行政院時，會被翻轉，就找我、政務委員黃昆輝、宜蘭籍國民黨大老張建邦等人，在喜來登二樓桃山日式餐廳餐敘。

游錫堃會找黃昆輝，是因為他擔任省議員時，黃昆輝擔任教育廳長，他們互動良好，所以請客也很自然；找我是因為我非常關心傳藝中心，且和黃昆輝同樣來自教育界。黃昆輝聽完故事後，斬釘截鐵說郭為藩既然非常嚴謹已經邀請不同學者專家辦兩次會議，結果也都一樣，他必須尊重文建會找來的學者專家建議，行政院也該如此。

當時我也很雞婆地遊說一些我認識的農民，希望他們答應縣府徵收自己的土地，說如此不但成就傳藝中心，也成就表演藝術的傳承與創新，還帶來宜蘭無限的產業文化教育的機會。我會這麼雞婆，都自嘲是因我從小就羨慕別人演歌仔戲不會臉紅，是個被壓抑的藝術創造者，才會想做這麼多。

不過不久前我跟游錫堃提起這些，他幾乎沒什麼印象，顯然這對我比較重要，還是我對這些微不足道的小小功勞，太記憶猶新？由於他幾乎沒甚麼印象，害我以為自己失智而必須更有根據重新回憶當時情境。

後來整個傳藝中心計畫，主要是由邱坤良主持，而由於我曾有表層的參與，雖有遺憾但我一直為傳藝鼓掌，最近還「臨老進傳藝」擔任了經營傳藝的善美的文化藝術基金會董事。不論在政大上EMBA、MBA領導與團隊課、科智所和教育系博士班的「創造力理論專題」、帶紙風車執行文化部的青少年戲劇推廣計畫等等，我都會帶學生或中小學老師去上課；我也常以學術交流基金會執行長身分，帶國外人士參訪傳藝中心。美國老闆回國後常要帶小禮物送給員工，傳藝中心民藝街賣的東西，台北市未必買得到，所以受禮者比較不會收到重複的禮，也是傳藝的另一個吸引力。

最有趣的是，英國文創之父霍金斯（John Howkins）來台時，邱復生和他女兒邱于芸博士要我們帶他出遊，中華管理發展基金會執行長、也是易遊網董事長陳甫彥就建議去傳藝中心。霍金斯那時已經非常疲倦，卻因為傳藝之旅清醒過來，喜歡得不得了，後來他去大陸做文創的構想中，也有傳藝的影子。

在傳藝中心風雲外，當時游錫堃想推動「文化立縣」，希望能建設宜蘭為桃花源，他努力覓才，希望我推薦擁有豐富文化藝術知識和經驗以及具有國際觀懂得待人處事的年輕人，恰好遇見在新象推動國際文化藝術，台大外文系畢業的蘇昭

2013 年與霍金斯（左三）在華山合影。（王榮文提供）

英，知道她要搬回宜蘭，我就水到渠成成為文化媒介推薦她。

一九九二年，宜蘭縣辦完區運不久，因為辦得很成功，游錫堃決定在一九九六年開蘭兩百年時辦個更大的活動。當時文建會主委是申學庸，副主委是陳其南，文建會剛好提出地方發展小型國際文化藝術活動計畫。

游錫堃為此成立創意小組和執行小組，我當創意小組召集人，邀請超過百人的文化藝術專家學者參與和建議，由李靜慧統整各家發言，並透過也是宜蘭人的台灣電通公司董事長胡榮　，去請來擅長辦大型活動的日本電通公司副總裁，一起討論這節慶怎麼發展。

過程中，有人提到創辦天主教蘭陽青年會的神父祕克琳，他在聯合國教科文組織UNESCO合作的A級非政府間國際組織「國際民俗藝術節協會」擔任理事，非常活躍；也有人提到一位老師黃恆男，他收集很多童玩。游錫堃、林德福局長和執行團隊最後就定調作「國際藝術童玩節慶」，主題從水與綠為主，堅持環保，到後來把宜蘭變成兒童夢土，由李靜慧擔任總承辦人。

祕神父在童玩節的角色，非常重要。他在「國際民俗藝術節協會」的身分，可以幫助台灣跟國際聯結，當時台灣有很多阻礙發展的規定，都是祕神父以國際角色居中協調，才成功推動其他國家的人來童玩節演出，他們出飛機票，我們負責落地招待。祕神父一直想要成立中華民國民俗技藝協會，但他是外國人，依台灣規定不能當理事長，我和鮑幼玉、許博允等人也都幫忙。先是鮑幼玉當理事長，逐漸轉型成後來的協會。

我因為在一九九四年首次去法國亞維儂藝術節，覺得這種整個城從早到晚處處有文化藝術活動真是太棒，幾乎為林聰賢競選縣長時的願景「宜蘭是一座博物館」之鋪路。就在仰山文教基金會的董監事會議中，提議決策和執行團隊最好親自到法國體驗。一九九五年，打造童玩節的宜蘭縣政府和仰山基金會真的組團到法國考察如何以一個城市的規模構想節慶，游錫堃和我也去了。最可敬的是幾乎每個人都自掏腰包。

由於旅行社早上十點就把大家送到亞維儂，但這種節慶通常都在中午後才開始有活動，我就跟大家說現在開始大家自由行動，兩個鐘頭後在聖母大教堂集合。大家一開始不知道要幹嘛，還怪我，兩個小時後都氣喘吁吁趕回來，分享各自在哪裡看到什麼有趣的景色與活動，這才了解什麼叫「整個城市都是藝術節」，每個人體驗到都不一樣，但都是美好的，之後的體驗分享變成為共創的節慶。

又加上，我們的旅舍安排在很郊外的地方，一般國內的旅行團都安排晚上吃飯或自由活動，這次也是，所以每到翌日早餐時間，總是很多人在興奮分享前一夜的文化之旅，先回旅館、沒去參觀的人就很羨慕，也想趕去。這樣觀摩回台後，宜蘭縣政府就決定也做個「整個宜蘭的童玩節」。

一個藝術節慶，不要只限制藝術種類，也不能只是文化局做，游錫堃以最高決策者身份招集教育局、農業局、建設局等各局處一起共創，讓整個宜蘭都在辦童玩節。畢竟亞維儂藝術節也不只限於亞維儂這個城，而是含亞維儂在內的普羅旺斯省都有大大小小的藝術節，旅行社也帶來國內外各地旅客，這樣藝術節的能量才會起來。

宜蘭童玩節就從一九九六年一炮而紅，且持續至今，只有呂國華當縣長時曾停辦。

二〇一七年縣府文化局和蘭陽文教基金會，由我和吳郢祁協助策畫，舉辦童玩節論壇，邀來初辦時的三巨頭，游錫堃、李靜慧、當時的宜蘭文化中心主任林德福主講，我也當論壇主持人，他們分別談建構「宜蘭兒童夢土」的願景與使命，創辦宜蘭國際童玩節藝術節之創意發想及其創新實踐歷程與結果。其中李靜慧和林德福提到，以當時游錫堃做到第二任且即將卸任的情況，大可辦個單次的免費活動熱鬧一下就好，他卻辛苦創辦童玩節這樣的收費活動，期盼像亞維儂藝術節般為地方製造可長可久的產業規模，不用靠政府編列預算。其實，游錫堃和團隊是自己受到亞維儂藝術節影響。

在游錫堃的仰山基金會方面，我從第一屆就當董事，連當二十七年，仰山的英文名字「young sun」還是我取的。其實游錫堃本來要找我當董事長，但董事長得負責募款、捐款等，我覺得自己沒有能力也不合適，第一任董事長就由台灣的史懷哲陳五福先生擔任，再由金車的董事長李添財續掌「添財」。仰山一直聚焦文化教育和社區總體營造，近來也因應社會變遷和宜蘭特色加入有機農業。

由於是做社區總體營造，仰山自然就會推動很多小社區的發展，也促進環保、有機農業。我曾跟仰山建議要拍短片，講有機農業的好處和案例，讓游錫堃到處演講，走出宜蘭、走向世界，可惜這還沒完全成行，我也配合游錫堃主張仰山可以在推展歌仔戲方面扮演關鍵角色，幸虧經營傳藝中心的善美的文化藝術基金會林敏雄董事長和唐美雲歌仔戲團都非常認同。

我也建議仰山應結合社區總體營造的經驗，培養未來有機農業的領袖，做創新創業，且把文化融入農業裡，做農業文創；且主張仰山運用其獨特的治理模式，一方面好好運用基金會的資產生財、創造工作機會，一方面運用卸任首長的知名度做社會企業。我認為，宜蘭許多有機農業、社區總體營造的經驗都很好，雖受日本影響，但也發展出台灣自己的模式，應可傳播到其他國家。

不過，我在仰山實在做得太久，二〇一七年原本堅持要辭，讓年輕人進來，游錫堃答應參加宜蘭縣政府文化局和蘭陽文教基金會主辦的童玩節論壇時，要我暫時不要辭，這又拖到今天。

在游錫堃之後，一九九七年起擔任兩任宜蘭縣長的劉守成也找我當縣政顧問。他競選時曾提出要從小學一年級開始教英文的政見，不過教育部除了大都市以外的縣市不准，政見必須實現而中央政府的規定也不能違背，只好重新界定一年級的英語教學。我就建議不要把英文當「正式科目」，而做「生活英語」就好，例如身分證、汽車、上網的生活中都有英文的事實，在超市、百貨公司、購買外來品、看電影、看電視、看網路也都需要英文等，學校就從小一開始實施「生活英語」。

後來我知道有些家長怪說，中文還沒學好，幹嘛教英文？這其實是當時的教育局未正確傳達我的「救急」轉念。我那樣建議的真正用意，是用創意幫劉守成解決政見實踐的問題，把正式科目轉化成生活英語，免得縣府跳票。更何況一旦變成正式學科，考試補習就很容易跟著來抹殺學習英文的樂趣。

在宜蘭做小學英語協同教學的ＥＴＡ計畫，一開始我們發現障礙很多，不知如何進行，包括要邀國外人士來教學、跟世界接軌，都欠缺很多條例。我們和後來當教育局副局長的王寶華，以及執行計畫的李定國校長，用盡各種方式才辦成，效果很好，至今也辦到十三年了，高雄教育局長鄭英耀知道此事，立即展開計畫，現在已擴散到金門、台中、台東、台北、花蓮和彰化等縣市，只可惜很多條例還是沒發展完整。

劉守成縣長任內，還從二〇〇〇年起推動綠色博覽會，這可說是在游錫堃宣示環保、文化立縣，並創造童玩節後衍伸出的模式，我很開心。當時劉守成也有問我的意見，我當然贊成。尤其到了第二屆時，「參與提案」的縣府員工非常主動投入，這我覺得更棒。

不過當時因為很好的意見太多，劉守成後來在台北找了些顧問，想請他們評估取捨。我提議，當員工主動提出建議，應該得到鼓勵，覺得可採組合式做法，劉守成也後來依照這原則，實施得不錯。

我因認識風潮音樂創辦人楊錦聰，所以在二〇一五年便建議主辦單位可在景色怡人的武荖坑風景區放風潮音樂那種療癒系音樂，千人在其中體會打坐、冥想等慢活生活樂趣，雖因草地空間不大又怕下雨，無法容納千人，但還是令人愉悅地實施了。

我還建議過縣府，可以在重陽節前，找個地方同樣放風潮音樂那種心靈音樂，大家可以在其中跳慢舞，或ＤＩＹ手工小物，或分享宜蘭特產等，大家一定非常愉快。可惜這後來沒辦成，我覺得很可惜，否則如果宜蘭十二個鄉鎮一起辦，效果一定很好。

林聰賢二〇〇九年當選後，也找我當顧問。宜蘭辦了二十五年的「歡樂宜蘭年」活動，我和其他年輕人都建議可以由縣府出面辦圍爐，每個家庭或家族各自認購一桌或幾桌。後來我參加這場圍爐時，看到很多彼此二、三十年沒見的人，都因圍爐相見，歡樂中有感嘆。這大型圍爐只辦了一年，之後是由有意願鄉鎮市舉辦。

林聰賢也曾找我想設計秋天節慶，我說宜蘭節慶已太多，建議辦「慢活節」，鼓勵大家秋高氣爽的季節來宜蘭溼鞦韆，騎腳踏車、遊山玩水、享受小吃，甚至是賈伯斯最喜歡的「散步想創意」。來自台灣和世界各地愛好自然的人到宜蘭渡假，體驗宜蘭特色，甚至散居世界各地的台灣人可以在此重聚數天，話舊談新。

林聰賢跟我的合作，還從他在宜蘭縣長任內，延伸到他當農委會主委。他當縣長時，找我跟宜蘭縣府一級主管舉行兩次共識營，第一次我先放楊力州的《拔河》，看有多少人感動，看到大多數人都很感動，我才願意繼續做以後的工作坊，第二次的共識營之後不久，他便去農委會當主委。

他當主委後，又想找我講「共識」，我就思考如何讓擁有包山包海，上天下地的自然資源之農委會，創意發揮，把我參與中華管理發展基金會執行的「萬物糧倉．大地慶典」計畫所得，融入課程內容中。

我從二〇〇〇年就參與成立中華管理發展基金會，並擔任董事長。這個基金會的成立宗旨是因應全球化發展趨勢，透過教育訓練和推廣活動等，實現終身學習的願景。

二〇一七年，行政院農委會水土保持局台東分局在王志輝分局長的領導下和中華管理發展基金會執行長陳甫彥發起「萬物糧倉．大地慶典」計畫，執行地點是花東縱谷，問我的意見，我覺得田中央、農糧、海等對我都很有意義，就答應參與。

在這個計畫裡，我看到花東縱谷的種種美好，除了紅藜「物」「景」、生態保育、社區發展，還有食農教育、創新創業的可能，更重要的是這裡的人。

像我們住池上，看到稻米原鄉館、樂米燒、豆芳華等，都用各自努力為家鄉農產打出新品牌，也去看了池上藝術祭；花蓮鳳林的美好花生醬，富里的穀稻秋聲草地藝術節，還有萬榮的布農族馬遠部落帶旅客體驗爬山涉水、摘野菜、射箭、串珠等，都非常精彩。我們打算用一百個故事，說出花東各種面向，我也想將這些分享給聽講者。

由於林聰賢單獨邀陳甫彥談大數據，陳甫彥就問能否舉辦針對花東縱谷的共識營，就取名為「萬物糧倉 大地慶典」。花蓮農改場場長范美玲博士立即承諾她可以舉辦共識營，結論是應讓花東地區農委會各相關單位與民間團體一起建立共識。

農委會花東地區的水土保持局、農改場、農糧署和林務局等單位，以及東部和縱谷的觀光局管理處、農會代表和社區團體等五十幾個人，二〇一七年一起在花蓮農改場舉辦共識營，這對我是回到田中央很好的理由。我藉此一方面可更深入了解各單位工作，也可赤腳下田、相互合作，共同重新創生農村。

說來我會參與這個計畫，一部分原因是我也參考了政大創新與創造力中心先有經濟部科專計畫，從智慧資本角度建構宜蘭成為創意城鄉，自然地又演化到農委會的計畫，這就是共好、共享、共創、共善。

走過這麼多歲月和地方，經歷了海邊、農村和都會，隨著年紀越來越長，近年我越來越常回我的出生地宜蘭，想為她做更多事。這應該是人之常情吧：童年留下美好回憶之處的，會想重溫舊夢；如果回憶不好，也會想如何重建。

我現在回來，再看這地方，覺得大家實在應該珍惜，畢竟人人走過的路和住過的地方，都對自己一生影響很大。

像我從小就喜歡海和田，為了想躲開大人責罵，就到海邊，英文、舞蹈、體育的基礎也可說都從海邊來；我也特別喜歡綠油油的草地，覺得很自在，也喜歡在裡面當稻草人趕麻雀。由於有這麼多珍貴的回憶與收穫，我總覺得這些應該保留，不要破壞，要有創新方法，好讓更多人和我一起分享更多快樂。

這也是為何移居宜蘭至今二十五年的黃聲遠，打算承包觀光局壯圍旅遊中心時，問我可否做他顧問，我立刻答應。黃聲遠本來就知道我是壯圍人，才「沒魚蝦也好」地找我當顧問；我也毫無掩飾告訴他，我對這地方很有感情。

說來，黃聲遠早就有些作品與我有關。二〇一二年，他承標政府的案子做「羅東文化工場」，我認為製造者「maker」做中學的概念很重要，覺得人人都該像德國一樣從小學就開始做木工，強調工藝、工作精神，就在縣長開會時提出這個名字，大家就拍板「羅東文化工場」。不過有人反對「文化」和「工廠」並列。其實文化需要夢想，也需要腳踏實地，也需要實驗和共創。

就我所知，縣府決定發展壯圍旅遊園區時，也有人反對，認為不會有多少人來。但宜蘭縣政府會選中壯圍，就是因為壯圍是宜蘭十二鄉鎮中最需要加把勁的；我也覺得，只要有創新方法，就有機會發展。因此我在黃聲遠設計過程中，跑去看了幾次，好告訴他壯圍乃至我出生的東港的風土人情等，講完了就心安，但他和其他人有沒有聽進去，這麼老的人就不必計較了。

黃聲遠做任何建設，本來就一定會連結當地文化歷史脈絡；他還有個特點是會編做邊即興，像唱歌仔戲的活戲一樣，也因此房子一定不是直線、線形的。我們的關係可說是我相信他，他也相信我相信他。最後他順利拿到這個標案。

當時我請他掌握幾個特點：一是壯圍有住家，住家後面有沙丘、樹林、海邊，這層層關係一定要貫穿；二是從宜蘭三岔水開始，沿著鄉村小道、田地、海邊往上移，乃至一直到烏石港，其間貫穿的核心就是加留沙埔、沙與沙丘、百合花的要素一定要掌握；三是我的老鄰居善良也有想法，設計活動可以先從同理心開始啟動。

我還告訴他當地小螃蟹和特殊捕抓方式，也告訴他百合花是從龜山島移植過來，變成壯圍特有種，以及林投樹等故事，建議他可從這去發展歷史文化脈絡。只可惜，這些我童年留連之處，現在大多人已非常隔離。

我的許多至親，也早已離去。我始終欽佩的祖母、我們大家族的非正式領袖，早在一九七三年往生；我媽媽也在一九九一年七十四歲辭世，我爸爸在一九九四年七十七歲過世。

我爸曾坦言，他在跟我媽結婚前，也有女朋友，一度抗拒跟我媽結婚，但他們後來非常好，我媽過世前，都是我爸在幫我媽分藥。她到最後時光，已不知誰是誰，生命只靠機器維持，我二弟妹阿鑾對婆婆善盡孝順照顧，讓爸爸放心，最後雖捨不得也只好淚送媽媽。

我媽一生教我很多，到走後也還在教我。她出殯時，來追悼她的人多到街道圍了一半，警察也來幫我們開路，免得影響里民，許多老鄰居也哭著感謝她的大氣包容。這都讓我充分體會到身為童養媳的她，這生有多麼努力，靠著認分與體貼，做得有多麼成功。

媽媽過世後，爸爸把以前幫我算命的盤和他早年的女朋友照片拿出來，這是我第一次跟爸爸暢談我們的一生和父子關係。三年後，他也走了，走前他告訴我，他這一生非常開心，沒有一個兒女問他財產，我開玩笑說因為他一生照顧弟妹，還要幫他們結婚並取姪子的名字，但我們子女都知道你沒財產所以就不必問，他以大笑回應，毫無遺憾。他出殯時，有位高中校長把操場借給我們做儀式，文化藝術界人士陳文漢、張一成、康濟時、陳錦誠和陳甫彥等等，也來幫我們蓋劇場般的舞台，整個儀式相當極簡文雅。

然後近年，我家族中有越來越多人離去。林懷民曾說，我的後半生是我自己贏來的，但我感到，現在已到該放手的時刻，也真的開始收山。

過去我每次離開一個單位，就都不會再參與，因為我不想好像用長者身分，讓人有壓力；我也一直覺得很多東西都可放棄，個人的東西沒什麼好收集。然而在這片我愛的宜蘭土地，我很希望再在文化上多一點耕耘。

我來自三戠水，回歸田中央，我要作的東西又回到宜蘭。不是我只愛宜蘭，而是熟悉他，容易聯想，容易說故事，容易舉一反三。最近也參加了「浪漫台三線」和「竹北或者書店」的踩線團，希望能夠參與中華管理發展基金會正在建構的「台灣創新地圖」。

我個人的故事已漸漸到尾聲，但這其實也不是我一個人的經驗，而是很多人的經驗與記憶，只是我有機會講話。這是我為何很希望縣府在壯圍旅遊服務園區設故事站，讓每個人都可以來這邊講他們的故事，也可以讓小孩子來訪問年長者的故事，我想再看看，自己還能不能做什麼事，讓更多的人像我當年一樣，擁有那些出走的機會與能力，然後再回來。

就像九十三年前，那位載著我外婆和媽媽來到東港的擺渡人，他不停歇來回往復，把人送到對岸，把故事說下去。創造更多有創意、有意義的人生因緣際會。

結語

什麼是英雄之旅？經過困難，仍能相信生活是美好的，才叫英雄。人在社會上有不同角色，但每個角色都有他的困難和成就。

我已老了，但就像我二〇一六年支持老友謝春德「平行宇宙系列—勇敢世界」攝影展、半裸身體讓他拍照一樣，我認為老年是自然的歷程，必須去了解它，面對它，盤點過去的經驗，思考現在可能會面臨的困難，想想自己的夢想和優點，然後重新定位自己。

我很自然地面對自己年齡的改變，每一天只能活一次，每一個階段也只能活一次，年老自己不能選擇，所以必須製造機會讓自己做可以選擇的事。

而我總想到我生命的起點，那個宜蘭的三叉口、三敨水，那個載我外婆和媽媽來的渡船伯。在早期，三條河看起來雖近，但若沒渡船，人就要繞很久才能到，所以渡船伯真的很重要。

然而渡船伯社會地位不高，也有很多人雖然坐了他的船，卻不給獎賞。即使如此，不論颱風暴雨，渡船伯總把每個人安全送到目的地，就像我外婆帶我媽來時，他一面划船一面往後看，說希望在天亮前沒有人追過來……

我這無圍牆的教育工作者，不也終身在擺渡嗎？不論在哪個領域，我都希望自己能把知識和經驗引介給學生和任何需要我的人，讓他們因此創作、發想，然後我又能把這些收穫擺渡回來，讓自己變得更豐富，繼續擺渡其他需要我的人。這，就是我認為我此生最重要的角色。

國家圖書館出版品預行編目（CIP）資料

因緣際會擺渡人：吳靜吉的生命故事／吳靜吉口述；何定照撰文. -- 初版. -- 臺北市：遠流, 2018.06
面； 公分
ISBN 978-957-32-8296-9（平裝）

1. 吳靜吉 2. 回憶錄

783.3886 107007333

因緣際會擺渡人

吳靜吉的生命故事

作者：吳靜吉
撰文：何定照
照片提供：吳靜吉、王榮文、謝春德、林馨琴、何定照、李蕙蓁、袁梅芬、明華園、雲門舞集、紙風車文教基金會、蘭陵劇坊
總監暨總編輯：林馨琴
執行編輯：楊伊琳
行銷企畫：張愛華
封面設計：三人制創

發行人：王榮文
出版發行：遠流出版事業股份有限公司
地址：臺北市 10084 南昌路二段 81 號 6 樓
電話：（02）2392-6899 傳真：（02）2392-6658
郵撥：0189456-1
著作權顧問：蕭雄淋律師
2018 年 6 月 1 日 初版一刷
2018 年 6 月 16 日 初版二刷
新台幣定價 350 元

ISBN 978-957-32-8296-9

遠流博識網
http://www.ylib.com E-mail:ylib @ ylib.com